上海家长学校
亲子关系指导丛书

贺岭峰 主编

拯救准妈妈的未来焦虑

走出原生家庭束缚
找到自己的角色

朱凌 著

上海人民出版社
上海远东出版社

图书在版编目(CIP)数据

拯救准妈妈的未来焦虑:走出原生家庭束缚找到自己的角色/朱凌著.—上海:上海远东出版社,2022
(亲子关系指导丛书/贺岭峰主编)
ISBN 978-7-5476-1872-1

Ⅰ.①拯… Ⅱ.①朱… Ⅲ.①亲子教育 Ⅳ.①G781

中国版本图书馆 CIP 数据核字(2022)第 231482 号

责任编辑　张喜梅
封面设计　李　廉

本书由上海开放大学
家庭教育教材开发与出版项目资助出版

亲子关系指导丛书
拯救准妈妈的未来焦虑
走出原生家庭束缚找到自己的角色
朱　凌　著

出	版	上海远东出版社
		(201101　上海市闵行区号景路159弄C座)
发	行	上海人民出版社发行中心
印	刷	上海颛辉印刷厂有限公司
开	本	890×1240　1/32
印	张	5.625
字	数	108,000
版	次	2022年12月第1版
印	次	2022年12月第1次印刷

ISBN 978-7-5476-1872-1/G·1164
定　　价　48.00元

亲子关系指导丛书

编委会

主　　　任	王伯军
副 主 任	王松华　江伟鸣　姚爱芳
编委会成员	张东平　蒋中华　徐文清　邝文华
	祝燕国　陈圣日　吴　燕　毕玉龙
	王　欢　应一也　张　令　陆晓春
	朱　斌　叶柯挺

总　　序

亲子关系是最重要的人际关系,没有之一。因为它是以赋予生命并以血脉传承的方式来缔结的。

在人类发展史中,我们遗传的素质秉性、习得的生存能力、传承的群体文化,都是以亲子关系为纽带来连接和延续的。

在漫长的历史长河中,无论是采集时代、狩猎时代、农耕时代,还是工业化时代;无论是奴隶社会、封建社会,还是资本主义社会、社会主义社会;无论是混居杂交、只知有母不知有父的母系社会,还是三妻四妾、四世同堂的父权社会,以老带新、以大带小的种族延续方式一直是薪火相传、赓续不变的。

无论愿不愿意,喜不喜欢,一个人血管里流淌的血液,总是有一半基因和另一个人有关。研究表明,不只是身高、体重、遗传疾病,内在的个人素质,如孩子的智商和情商也有部分来自遗传,甚至连幸福感这样的个人体验都有部分是遗传决定的。再加上基于表观遗传学的行为学特征的代际传递，孩子的情绪反应模式、隐性心理创伤、行为特征风格也可能受到几代家族经验的影响。

亲子关系，本来是生命之河的自然流淌。但是，在今天这样一个历史的转弯处，我们突然发现，在如何处理亲子关系这个问题上，从来没有哪一代父母像今天的父母这样焦虑和窘迫。因为，时代不同了。

在采集、狩猎、农耕时代，养孩子不是特别难的一件事。就是大带小、老带新，以氏族、部落、家族的方式集体抚养，小孩子在群族当中得到照顾、习得技能。由于彼时社会进化缓慢，远远慢于代际的更迭，所以祖孙几代面对的是同样的世界，住的是同一个村，种的是同一块田，小的跟着老的看、听、学、做就行了。多张嘴，多双筷，养育成本不高，变成劳动力收益不小，多子多福，即使出现个别不肖子孙或者养育失败也不会影响家族传承大局。这个时候，只要一个家庭的家风不错，在社会道德养成和生存技能习得方面没有大的缺失，就可以完成家族传承。而亲子关系，作为最重要的家庭关系，无论在婴幼儿养育、童年启蒙、生存生产生活能力训练、社会关系建构乃至结婚生子后的家族生活中，都扮演着核心角色。可以说，一切家庭关系都是以亲子关系为核心构建起来的。亲子关系被嵌套在复杂的人伦关系和亲戚关系中，被滋养被补充，即使出现一些问题，也能够被宗族和村落里的社会支持系统补位和校准。

到了工业化社会,蒸汽机和生产线的出现改变了人类的生活生产方式,祖辈的生存技能储备不足了。面对新的社会分工、新的生产流水线,只有经过专门训练的人才能成为合格的工作者。服务于机械化大生产的班级授课制式的学校教育取代了家庭教育,成为青少年社会化的主阵地。这个时候,教师的角色介入到亲子关系中,并逐渐由辅助者变为主导者和评价者,既通过家庭作业控制了孩子的家庭时间和家庭活动,又通过考试排名、家长签字和家长群互动等调整了家长的角色、行为和责任。家庭教育成为了学校教育的辅助。同时,由于父母职业化、家庭小型化、工作移民化、婚姻不稳定现象的出现,导致留守儿童、祖辈养育、身心失调等问题层出不穷。从某种程度来说,亲子关系被弱化了。

而进入信息化社会之后,95后、00后等一代网络原住民出现,从出生就开始进入读屏时代,生命样态在二次元空间和三次元空间并行展开,给家长带来了家庭养育的黑洞。爸爸妈妈知道网络世界、虚拟空间的吸引力,却不知道那里面到底藏着啥。屏幕育儿虽然方便但是也有隐藏风险。这导致了年轻父母,一方面让孩子过早地接触屏幕,分担了孩子"十万个为什么"阶段给自己带来的烦恼,另一方面,又因为孩子社会性早熟带来的青春期提前叛逆而懊悔不已。家长,在家庭教育、学校教育、社会教育的漩涡中无所适从。亲子关系,在夫妻关系、原生家庭关系、家校关系、职场关系、网络社交关系、宠物关系、人机关系中变成了一个关系节点,既影响着其他关系,也被其他关系影响着。

我国2022年1月1日开始执行的《中华人民共和国家庭教育促进法》,重新梳理了家庭教育和亲子关系。认为亲子关系应该做到,一是亲子关系是父母的主体关系。自己的孩子自己养,父母要亲自陪伴孩子,不能以各种理由和借口把自己的责任转给老人、保姆、老师。二是亲子关系是父母的同位关系。父母的责任是同等的,爸爸妈妈谁都不能逃,即使分居、离婚了,照顾孩子的责任也不能少。三是亲子关系是父母与孩子之间的互动关系。言传身教,相机而教,就是在日常生活之中潜移默化地影响孩子,想让孩子做到的,自己应该先做到。督促孩子成长,自己先要成长。四是亲子关系是父母与孩子之间的平等关系。尊重差异,平等交流,不要打骂孩子,不得伤害孩子身心健康和社会健康。五是亲子关系是孩子健康成长的底层关系。良好的亲子关系为孩子的成长提供了安全感,也为孩子立德树人确立了界限与规矩,是孩子道德品质、身体素质、生活技能、文化修养、行为习惯等方面养成的关系基础。

在孩子成长的不同阶段,亲子关系扮演的角色是不一样的。在孩子0至6岁的时候,亲子关系是孩子一生依恋模式和安全感的基础,也是大脑神经布线的关键时期,爸爸妈妈的角色和影响至关重要,双人游戏、多人游戏和规则游戏是亲子之间进行技能学习和社会化的主要载体。7至12岁的小学阶段,是养成良好的学习习惯、应对方式、社交技能的关键时期,亲子关系一方面为孩子适应学习生活建章立制,另一方面也为孩子的身心健康免受伤害保驾护航。12至18岁的中学阶段,是青少年的疾风暴雨时期,身体、自我、认知、情绪、社交都进入了一个在波峰和波谷之间起伏跌宕的折腾时期。而良好的亲子关系则成为这段时期的压舱石。亲子关系好,就有惊无险、化险为夷;亲子关系差,就火上浇油、雪上加霜。18至28岁,孩子已经进入了成年阶段,但是还会在专业定向、职业选择、婚恋生育、职场发展、个人成长等方面与家长协商或者争夺决策权。此时的亲子关系更多的是一种转换、一种交接、一种守望,如果处理不好,就可能演变成独立与反独立、操纵与反操纵、支配与反支配、以爱之名与反爱之名的一场战争。至于到了备孕备产的准父母阶段,年轻人越来越意识到原生家庭对自己的影响,对即将到来的父母角色充满期待也充满焦虑,在成为新角色的过程中要面对很多关系的改变和心理上的突破,尤其是孕产期间和独立抚养过程中的心理调适,成为人生成长脱变的一道关卡。生命,在相遇和传承的过程中实现着意义的迭代,每个时期都是关键期,每次应对都是胜负手,是稳定安全的亲子关系筑牢了生命跃升的基石。

  要看到,这是一个百年未有之大变局的乌卡时代和巴尼时代。竞争激烈了、就业艰难了、岗位消失了、人工智能升级了、元宇宙来临了。当体能被能源取代、智能被算法击穿的时候,人类最后的尊严就是我们的情绪情感、我们的使命情怀。亲子关系,是一个幼小生命发芽、拔节、抽穗的营养之源,是人生中的宝贵资源，一定要倍加珍惜。

要看到，这是一代在二次元空间和三次元空间平行成长的生命。脑机接口、硅基生命、大健康产业、分子生物学、虚拟现实、线上平台、机器人工作，为新一代生命的生存、生产、生活带来了无限可能性。一些边界会坍塌、一些价值会沦落、一些生命被点燃、一些存在会重塑。而亲子关系，是在这传承与创新的过程中最有生命连接感的纽带、最有内生动力实现升级迭代的助推器、最柔滑顺畅相互温润滋养的催化剂。亲子关系，是无土栽培时代的营养剂，是野蛮生长过程中的阳光和水。

要看到，我们就站在代际传递的传送带上，载着历史的痕迹，走进未知的未来。要切断代际创伤、要自我疗愈心灵、要保护幼小生命。一代人有一代人的使命，一代人有一代人的局限，而我们这一代人，就是在见证历史巨大变革的过程中，挡住沉渣泛起，撑起万里无云。以亲子关系为镜，可以照见我们的贪婪和恐惧、无知和傲慢、暴躁和愤怒、怀疑和焦虑，也可以看见初心本性、使命愿景、道与坚守、爱与责任。

亲子关系是个支点，可以撬动代际生命。

为了更好地贯彻落实《中华人民共和国家庭教育促进法》，上海开放大学家长学校组织专家队伍编写了"亲子关系指导丛书"。丛书由上海开放大学王伯军副校长统筹安排，由非学历教育部王松华部长和姚爱芳副部长督促落实，由上海体育学院心理学院贺岭峰教授担任主编，由青少年畅销书作家朱凌、叶如风、张玲、郝正文、吴海明、姚爱芳、贺岭峰等组成写作队伍,为广大家长朋友呈上了一场亲子关系的心理与精神盛宴。

"亲子关系指导丛书"共5册,逻辑结构是按照人生发展关键期来编排。根据人生成长阶段划分为婴幼儿阶段(0至6岁)、小学阶段(7至12岁)、中学阶段(12至18岁)、大学及就业阶段(18至28岁)、准父母阶段(备孕备产阶段)的亲子关系。

朱凌老师编写了《好关系成就好孩子:0至6岁亲子互动中的关键密码》。这本书聚焦在6岁之前的亲子关系。0至6岁,可能是孩子生命中变化最快最多的阶段,也是建立亲子关系最宝贵的岁月。书中提出了"手指灵活的孩子更聪明""妈妈越爱说话宝宝越聪明""亲密关系从感觉妈妈的体温开始""给孩子建立规则而不是交换条件""先接纳孩子的情绪再教会他用语言表达"等有趣的观点,值得小孩子的爸爸妈妈去关注。

张玲、吴海明老师编写了《更好的关系,更轻松的教育:小学阶段家庭陪伴成长指南》。作者认为,6至9岁是孩子进入小学正式开启学业和社交生活的"启航"阶段,而9至12岁的孩子进一步有了自己的意识,进入了家长"领航"阶段。在这个阶段,家长更应该学会去发现,"好的亲子关系应该是尊重和有边界的关系""亲子关系越亲密反而家长越会越界影响孩子的自主能力""孩子发生突然变化,原因在父母自己身上"

拯救准妈妈的未来焦虑　走出原生家庭束缚找到自己的角色

"每一次孩子间的战争,都是难得的社交能力成长机会""孩子越来越磨蹭,背后竟是家长的'功劳'"。

叶如风老师编写了《如何读懂大孩子的心:12至18岁家庭育儿指南》。作者聚焦在12至18岁这个年龄段。面对青春期,为什么原本小学阶段的那个"乖孩子",仿佛一夜之间变成了一个"怪孩子"?青春期的大孩子到底有哪些特征?我们在养育上会有哪些难点和痛点?如何赢得大孩子的心,收获和谐的亲子关系?这些问题都可以在本书中找到答案。

贺岭峰、姚爱芳、郝正文老师编写了《两代人的碰撞与沟通:18至28岁青年与父母间的相处之道》。本书选择了代际间的沟通、志愿的选择、求学与留学、择业与就业、恋爱与结婚、成家与养育6个方面的20多个案例,讲述了18至28岁的青年人与其父母之间的相处之道。全方位展示了当代年青人与父母在同样的问题、情境面前不同的价值取向和行为选择,让读者对这代年青人及其与父母的关系有更多的看见。

朱凌老师编写了《拯救准妈妈的未来焦虑:走出原生家庭束缚找到自己的角色》。针对准妈妈这个群体,在这本书的写作过程中,记者出身的作者做了大量的采访。书中的案例涉及到原生家庭的影响、妈妈自我成长、家庭关系的平衡,以及成为独力抚养者该如何处理亲子关系,和新妈妈如何应对产后抑郁。作者发现,孩子是爸爸妈妈的镜子,"问题孩子"映照出的是家长正在遭遇的困境。有的妈妈在原生家庭中养成了讨好型人格,过度压抑自己的情绪,孩子的各种异常行为,其实是妈妈内心情绪的外化。有的妈妈内心有着深深的不安全感,对所有事情都要求完美,都要掌控,还不会说话的孩子,已经能接受到妈妈的焦虑不安,并通过应激状态反映出来。当妈妈意识到自己的问题,调整自己的状态,孩子的"问题"也会随之好转。通过案例故事,可以看见原生家庭的影响,看见自己成长的路。

本套书的读者对象面向市民家长,每篇均以生活现象和典型问题导入,一个个具体的亲子关系案例,对案例进行深度精细化解析,并为家长提供 3 至 5 个具体实操的行动建议。丛书根据"好看、实用、深刻"的编写要求,尽可能做到育儿理念科学化、亲子案例故事化、语言风格口语化、对策建议实操化。

希望不同年龄段的家长都能够在本套丛书中看见时代、看见孩子、看见自己,最重要的是,看见亲子之光,在我们陪伴孩子成长的过程中,为生命播下幸福的种子。

王伯军　贺岭峰
2022 年 10 月 22 日

自 序
如果回到童年

如果回到童年,你想对爸爸妈妈说点什么?

如果回到童年,你有什么事情想要换一种方式做一遍,看看结果会不会不一样?

如果回到童年……

听到过不止一个妈妈说,生下孩子后,陪伴着小生命一天天地长大,仿佛自己重新过了一遍童年。有的妈妈沿用了小时候自己妈妈对自己的方式对待孩子,有的妈妈按照自己小时候希望被对待的方式对待孩子。

每个人都多多少少带着原生家庭的印迹在行走。

爸爸妈妈,大约是世界上最重要的"岗位",它没有专门的"上岗证"可以考,却需要你在很多年里保持学习,保持成长。这种学习和成长,可能是专门去报名一些课程听专家怎么说,可能是阅读一些书籍,也可能是和长辈、朋友互相交流。无论是哪种方式,我们都会经历不断觉察自己然后成长的过程。

这本书的写作过程中，我做了大量的采访。书中的案例涉及原生家庭的影响、妈妈的自我成长、家庭关系的平衡、独力抚养者该如何处理亲子关系，以及新妈妈应该如何应对产后抑郁。

有些案例，在起初呈现出的是孩子的问题，比如：有的孩子在学校调皮捣蛋经常打架，有的孩子过度敏感怕生，有的孩子拒绝好好吃饭……深入下去，问题的根子在爸爸妈妈身上。孩子是爸爸妈妈的镜子，"问题孩子"映照出的是家长正在遭遇的困境。有的妈妈在原生家庭中养成了讨好型人格，过度压抑自己的情绪，孩子的各种异常行为，其实是妈妈内心情绪的外化。有的妈妈内心有着深深的不安全感，对所有事情都要求完美，都要掌控，还不会说话的孩子，已经能接受到妈妈的焦虑不安，通过应激状态反映出来。当妈妈意识到自己的问题，调整自己的状态，孩子的"问题"也会随之好转。

也有一些妈妈会经历比较特别的阶段，比如产后抑郁。实际上产后因为激素水平的急剧变化，很多妈妈都会有抑郁情绪，一小部分人可能会发展成产后抑郁。在这个过程中，家庭是最重要的支持系统，这个阶段家庭关系的调适，可以很大程度帮助新手妈妈走出抑郁情绪的困扰。

这些案例中，有一些情况，可能你或者身边的朋友会遇到，看看案例中的处理方式，也许是一个参考。还有一些状况，期待你不要遇到。

在这个当下，享受和孩子一起成长的过程，享受重新过一遍童年的美好。愿美好的童年照亮孩子的人生，成就妈妈的成长！

朱凌

2022年10月24日

目　　录

总序 — 001
自序 — 001

第一篇
觉察原生家庭的影响

一、我居然活成了爸爸的样子 — 003
二、在月子里完成青春期的叛逆 — 010
三、讨好型妈妈是孩子的"病根" — 016
四、做了家长还要事事都听父母的吗 — 026
五、别把教育等同于争取资源 — 032

第二篇
妈妈角色的成长

一、不能母乳亲喂就不是好妈妈吗 — 041

二、完美主义妈妈成了高级人工监控仪 — 047
三、妈妈越焦虑，宝宝越敏感 — 055
四、当全职妈妈遭遇孩子在学校打人 — 062
五、育儿问题，求助网络还是请教父母 — 067
六、聪明妈妈懂得搞清"这是谁的问题" — 072

第三篇
动态平衡家庭关系

一、补偿心理让二胎妈妈用力过度 — 083
二、生二宝谁说了算 — 090
三、父母吵架后请当着孩子的面重归于好 — 097
四、看见彼此，重启"家庭叙事脚本" — 103
五、构建"家庭联盟"，挖掘每个人的育儿潜能 — 109

第四篇
成为独立抚养者

一、当你成为一名独立抚养者 — 117
二、当离婚发生在孩子高考之后 — 123
三、离婚后你还在告诉孩子爸爸只是出差了吗 — 128

第五篇
应对产后抑郁

一、同伴教育有助于新手妈妈完成角色转换 —— 135
二、社会支持系统是抵御产后抑郁的有效盾牌 —— 143
三、换一种方式释放产后负面情绪 —— 149

后记 —— 154

第一篇

觉察原生家庭的影响

一、我居然活成了爸爸的样子

专家支持：

樊漓云，获得EAP管理专业人士国际认证，国家二级心理咨询师，正面管教家长培训师，获得NOVA国际危机干预认证。

导言

上海是一个移民城市，包容着从五湖四海来此求学、工作、生活的人们。只要足够优秀，就会获得足够的机会和回报。城市是包容的，但城市的最小细胞——家庭，却需要磨合。来自不同地域、有着截然不同成长经历的年轻人组成家庭生儿育女的过程中，那早已经被留在千里之外的原生家庭，仿佛一只看不见的手，在新组成的家庭中，撩拨起一场场微型风暴。

拯救准妈妈的未来焦虑　走出原生家庭束缚找到自己的角色

如何处理好原生家庭留在自己身上的烙印？我们又会给自己的孩子一个怎样的原生家庭？

案例

这是一个发生在上海某个高档社区里的真实案例。

妻子晓娴（化名），上海人，来自一个中产家庭，是家中的独女。和大多数上海家庭中的孩子一样，晓娴从小是家里的宝贝，成长过程中衣食无忧。晓娴上学的时候成绩不算太好，但也不差。晓娴随遇而安，不追求事业上有很高的成就，赚很多的钱，小富即安类型，希望能够自食其力，过平淡生活就好。

丈夫志伟（化名），新上海人，来自一个农村家庭，家里经济条件比较艰苦，家中还有一个妹妹。志伟从小学习刻苦，成绩优秀，得到了来自家庭和家族的关注以及资源倾斜。一家人全力供他上了大学，在上海找到了一份收入较高的工作，并顺利结婚生子。

志伟的原生家庭里，爸爸是个大男子主义者，在家里有着说一不二的地位，控制着家里的一切。结婚后，在自己的小家庭里，志伟也和爸爸一样，控制欲非常强。他认为，自己的家庭生活应该让人人都羡慕。

这对年轻夫妻，女方性格柔顺，安心主内，男方比较强势，事业上表现优异，在外人眼里的确是挺让人羡慕的一

一、我居然活成了爸爸的样子

对。不过,婚姻就像穿鞋,舒服不舒服,只有脚知道。晓娴和志伟在谈恋爱和刚进入两人世界时,偶尔有一些矛盾,很快也就过去了。但是,当孩子出生后,家庭矛盾就变得越来越尖锐了。

孩子出生后,晓娴辞职在家带孩子,做起了全职妈妈。志伟对晓娴的不满随着孩子的到来与日俱增。但凡家里有个刚出生的宝宝的人家,乱糟糟的状况都是相似的。志伟每天结束辛苦的工作下班回到家,看到家里乱糟糟地堆着孩子的各种用品,就会不高兴。对于金钱的敏感,也让他不同意妻子给孩子用纸尿裤,而是要用婆婆从老家寄来的传统尿布。孩子满六个月后,从母体带来的抗体消失,大多数孩子在这个阶段都开始容易生病。而志伟把孩子生病的责任全部归在妻子照顾不周上面。夫妻矛盾到了难以调和的程度。

不得已,晓娴走进了心理咨询室,寻求专业帮助。几次咨询之后,志伟依然不愿意一起来做咨询。他认为,所有的问题都出在妻子身上。

这个时候,远在老家的婆婆给了晓娴支持,她给儿子打了电话,在电话里要求儿子陪着妻子一起去做心理咨询。

解析

根据晓娴和志伟的讲述,咨询师画出了一张图。这张图是志伟情绪失控的"模型"图。

每一次夫妻俩的争吵,起因都是志伟看到了一个让他感到不满或焦虑的事情,然后他在自己的心里把这个事情灾难化,接着就开始情绪大爆发,对着妻子骂脏话。在志伟小时候,爸爸经常骂脏话,对于他而言,这就是一个发泄情绪的方式。

对于妻子晓娴来说,丈夫骂脏话这个事情是让人无法接受的,在她的成长过程中,家里从来不会有人骂脏话,丈夫的这些难听的脏话,让她感觉自己在家里毫无价值。两个人的矛盾就此升级。

志伟和妻子的相处模式,志伟的情绪模式,和他自己的原生家庭有密切的关系。

志伟习惯把每个人都视作竞争对手。在志伟的成长过程中,因为经济条件所限,家里能给孩子的资源有限,他一直把妹妹作为家里的竞争对手,他要赢过妹妹,才能够获得更多的关注,才能获得来自家庭、家族的资源倾斜。走上工作岗位后,他所在的金融行业竞争激烈,志伟每一刻都处在竞争中,周围的同事对他而言都是竞争对手,他要赢过周围的同事才能够保持自己的地位。

志伟对于金钱的焦虑感很强。儿时家庭经济条件艰苦,养成了志伟对金钱敏感的习惯。他设定了每个月的存款目标,一旦没有达到,就开始陷入焦虑。这在妻子辞职之后变得更加明显。他们家一直都是用钟点工帮忙做一些家务,孩子出生后,事情变得更多了,他不愿意增加钟点工的工作时长,

一、我居然活成了爸爸的样子

只是让妻子一个人去承担所有增加的压力,甚至拒绝在纸尿裤上花钱。

志伟希望控制所有事情。爸爸是许多男孩子在人生中的第一个榜样。志伟的爸爸是个控制欲很强的人,在家里说一不二。志伟一直都不喜欢爸爸,但是他却习得了爸爸的控制欲、骂脏话发泄情绪的沟通模式。他一直执着于一定要在人前显示自己事业成功、家庭美满,不可以有瑕疵。

建议

1. 调整认知

要认识到家庭是放松的地方,不是充满竞争的职场,在家庭里没有竞争对手,每个人都是至亲。夫妻一起承担养育孩子的职责。

2. 换位体验

在咨询师的建议下,志伟同意自己一个人来带五天孩子,让妻子晓娴出门度假放松一下。志伟一直认为妻子在家带娃不用出去上班赚钱,是一件挺轻松的事情。没想到,只过了三天,志伟就无法继续完成一个人带娃的任务了。他请求妻子回来帮忙。经过这次独自带娃的体验,志伟体会到了妻子晓娴平日在家带娃的辛苦,他把钟点工的工作时间由每天两小时延长为每天四小时。

3. 练习正念冥想

每天下班后,先在车里练习一会儿正念冥想再回家。

4. 觉察情绪

平时在家里,当觉察到自己情绪上来的时候,及时离开"现场",让自己尽量不要当场发脾气。

5. 深度了解自己的爸爸

找个合适的机会回家看看爸爸,和爸爸做一次深谈,了解爸爸这么多年的人生经历,了解爸爸是怎样成为今天的样子。

> **TIPS**
> ### 学会妥善处理婚姻中的各种关系
>
> 在婚姻中,有的人会成长,有的人则会暴露出问题。走进婚姻,成为父母的过程中,要学会处理好婚姻中的各种关系。
>
> 1. 互相妥协、互相适应
>
> 两个人来自不同的原生家庭,有差异是非常正常的,在现实生活中,很多人会坚持认为自己是对的,希望对方做出改变。如果换个角度考虑问题,让彼此达成一个新的平衡,可能处理两人遇到的某些问题的方式就会不一样了。
>
> 2. 学会澄清
>
> 有些人在以往的成长过程中缺少来自父母的爱,他们会企图在婚姻中去获得。比如,有的男人对妻子索取"妈妈的爱",而有时候当事人可能自己都

没有意识到。因此,在婚姻中不妨试着做一些反思,澄清哪些是自己对妈妈或者爸爸的需求,哪些是自己对妻子或者丈夫的需求。

3. 自我负责

所谓自我负责的态度是指,我想要做什么,我要怎样去做到,这样做将会产生怎样的结果,我是否愿意承担。有的人会让别人去做决定,最后自己发现无法承担那个结果。

4. 懂得放手

当儿女已经成年并且有了自己的家庭时,父母们要懂得放手。要知道这个世界上只有一种爱导致的结果最终是分离——父爱母爱。所以,以爱的名义,请放手让已经成年的孩子独立处理自己的生活,不要事事包办干涉过多。

5. 该放手时就放手

有人觉得小夫妻独立生活了,会减少对父母的孝敬,其实父母的这种担心也是害怕失去,害怕失去对子女的控制。父母"该放手时就放手",子女"该出手时就出手"。

二、在月子里完成青春期的叛逆

专家支持：

樊漓云，获得EAP管理专业人士国际认证，国家二级心理咨询师，正面管教家长培训师，获得NOVA国际危机干预认证。

导言

从小就听话顺从，被家中的长辈照顾得很好，也被长辈包办了各种重要决策的孩子，就是传说中的"妈宝"。每一个"妈宝"的背后，都有一对或者一个强势的家长。这样的父母在家庭生活中没有边界意识，对孩子处处"越界"，干预甚至控制孩子的一切。那么，当"妈宝"长大成人结婚生子之后，会怎样进入父母角色呢？

二、在月子里完成青春期的叛逆

案例

薇薇(化名)是个 90 后妈妈,矮矮的,瘦瘦的,说话声音很轻。而她的长辈,也就是她的父母和公公婆婆,都是比较强势的人。在他们的强势之下,薇薇给人的感觉是,这个年轻的新手妈妈是个非常好说话的人,什么事情都会很配合。但实际情况并非如此。薇薇进入月子会所的第一个例行检查就发生了"状况"。在月子会所,医生要给薇薇检查乳腺情况,看看有没有炎症,有没有奶结。薇薇表现得非常抵触,拒绝医生触碰自己。

实际上,薇薇的乳房条件不错,很适合给孩子亲喂。她不愿意亲喂,提出自己在房间里用吸奶器把奶吸出来后再用奶瓶喂给孩子。在家里长辈的再三要求下,最后薇薇终于同意亲喂,但是,她喂奶的时候不让其他人在房间里,连护理师或者她的先生都不可以在房间里。之后过了一阵子,薇薇才同意让护理师在她喂奶的时候在房间里。从拒绝其他人在房间,到最后同意,这个过程薇薇纠结了挺久。她还经常哭。她难过的是,自己虽然在月子会所,不在家里,面对的是陌生人,但"边界"依然建立不起来。

薇薇的公公婆婆和薇薇的父母关系特别熟络,在家庭微信群里,公公是一个非常活跃的人,经常会发一些"指导性"言论,比如"女人的顺从是一个家庭的根本""如何做一个好妈妈"等。

薇薇的状态很压抑,但是她是家庭里面最弱势的一个,她似乎没办法对其他人提要求,哪怕想要吵架都没法吵。直到有一天,薇薇忽然把月子会所的餐盘推到大家面前,里面赫然有一个钉子。"我吃到一个钉子。"薇薇说完这句相当于导火索的话,就不吭声了。

薇薇的丈夫首先跳了起来:"这还了得!"薇薇的家人们马上去找了月子会所,大吵特吵要求赔偿。月子会所把所有使用的餐具、炊具都查了一遍,完全没有和这枚钉子相关的物件儿。当天各个环节的流程也都没有问题。

月子会所是公公婆婆选的,也是他们买单。薇薇的父母对亲家有了意见,怎么选了这么一个地方呢?两边的长辈吵得不可开交。

当所有人都被这件事情裹挟吵成一锅粥的时候,薇薇的状态变得出奇地好。她完全没有表现出对"吃到钉子"的愤怒,而是特别温和地对待所有的相关工作人员:"没关系的,我知道你们不是故意的。"

"钉子事件"的结局是:因为没有找到证明月子会所有过错的直接证据,就以做完月子之后月子会所额外送一些小礼物作为了结。后来,薇薇又作为老客户到月子会所参

二、在月子里完成青春期的叛逆

加过一些活动。她剪了短发,整个人显得特别飒,和之前判若两人。她已经开始真的进入到妈妈的角色中,开始自己做一些决定了。

三 解析

薇薇在家庭里面是话语权比较弱的那一个。可能在她自己的原生家庭里,她一直被照顾得很好,即便是青春期也没有经历过叛逆的那个过程。她和自己父母的亲子关系中,父母很强势,包办了很多事情。

薇薇在月子会所坐月子时表现出来的言行中,可以感受到薇薇内心是有一种张力的,但因环境的压力,她一直没有办法突破,因此行为上出现很多"回避"。比如:她不愿意外人看到自己的内心——她希望关上房间的门,把其他人拦在门外,门内是她的私人领域,她不希望其他人进入,也不希望其他人哪怕是护理师、医生看到和接触她的身体。门内的私人领域和她自己的身体,对她而言就是内心的延伸。她不愿意被外人看到,因为一旦被外人看到,自己可能会被否定、打击、压制或伤害。

在各方的压力之下,薇薇还是没有能够树立起自己的"屏障",她还是妥协了,让护理师进入房间。为了这个事情她哭泣了好多次,这个情绪不是因为产后抑郁,而是她觉得自己一

拯救准妈妈的未来焦虑　走出原生家庭束缚找到自己的角色

直希望与他人建立边界，但是屡屡失败，哪怕在一个陌生的月子会所，面对陌生的护理师，依然没办法划出一条边界。

薇薇的父母和公公婆婆，都把薇薇当作孩子，他们自己是"大人"。但女性在成为妈妈之后，心理上会有很大的变化。

没有真正经历过青春期叛逆的薇薇，在坐月子的时候，完成了这个"人生重要任务"。她内心的小宇宙获得了一个爆发的机会。她知道特殊时期"大人"们可以接受她的为所欲为，因此她制造或者利用一个事件来打乱自己周遭的"令人窒息的环境"，为自己的内心张力找一个出口。其实在她故作震惊的行为下，还是有些忐忑的。当她发现自己的小"叛逆"居然能够引起那么大的"地震"，而自己并没有被批评和打压时，她看到了自己的力量，有了前所未有的成功体验。这给了她力量，给了她勇气和自信，母性也让她决定就此突破自己，获得成长。

薇薇的这次"叛逆"带来的突破对于她和自己刚出生的宝宝来说非常重要。在那一刻她开始真正成为一个妈妈，她和宝宝在这段亲子关系里共同成长。

如果薇薇没能经历这样一次"叛逆"，没能成长，一直像过去那样被长辈包办各种事务，替她做各种决定，她和宝宝的亲子关系也会遇到困难。她的孩子在长大的过程中，有可能也像妈妈一样，唯唯诺诺的，被长辈包办所有事情。当然也有另外一种可能——她的孩子变得特别叛逆，要替妈妈出头。

二、在月子里完成青春期的叛逆

> 📎 **建议**

小家庭要和"大家族"划分出界线。

薇薇的情况可能代表了一部分年轻妈妈的状态。从小很听话,一直被自己的父母照顾和管束,各种事情都由长辈做主。即便已经结婚成家了,依然没有和自己的原生家庭完成分化。

年轻的妈妈要真正成为妈妈,需要和自己的原生家庭做好分化,划分出明确的界线。年轻妈妈要和自己的丈夫一起达成共识——我们已经是一个小家庭了,有了自己的宝宝,我们的小家庭要从"大家族"的氛围里面独立出来。

第一,要保持一定的物理距离。在条件允许的情况下,小家庭可以住自己的房子,而不是和长辈住在同一屋檐下。

第二,和长辈们一起开家庭会议,把界线明确下来。如果老人要来探视或者帮忙照顾小宝宝,那么约定适合的方式和频率。要明确孩子的主要抚养者是爸爸妈妈,而不是爷爷奶奶或者外公外婆,老人的作用是辅助,而不是每件事情都代劳。年轻的爸爸妈妈要让自己的父母意识到,我们自己成为父母了,我们会自己摸索和学习成为合格的父母。在这个过程中,遇到挫折或者问题都是正常的。

第三,当家庭会议经过讨论达成了共识,彼此都要尊重这个界线,都要遵守家庭共同的约定。

三、讨好型妈妈是孩子的"病根"

专家支持：

田凯，中科院心理健康指导师，国家二级心理咨询师，中央国家机关外聘心理专家，多所知名大学心理中心督导师，国际自体（IAPSP）心理学会会员，国际人本心理治疗师（FOT），北京洛伽中心资深心理咨询师、督导师，曾任全球五百强企业战略部负责人。

导言

每个人从童年时期开始，为了寻求生存，都会在与他人、环境互动的过程中，发展出自己的应对姿态，或者说生存姿态。讨好是一种不健康的应对姿态，它在童年生根，并一直伴随我们至成年期。如果它没有被察觉和修正，那么将在无意识中跟随我们一生。尤其在面对压力时，会本能地、不自知地

三、讨好型妈妈是孩子的"病根"

表现出来。一个讨好型的妈妈,在承受家庭压力的时候,会给孩子带来怎样的影响?我们一起来看下面这个案例。

案例

小楠(化名)是一个非常聪明的孩子。最近,小楠在幼儿园出现了一点情况。老师发现,别的小朋友午睡的时候,小楠会自己跑出去,到一个角落里喊打喊杀,要不就是在大家玩的时候,他一个人在角落里发呆。老师把这个情况告诉了小楠的家长,希望家长带孩子去找心理咨询师看看。

爸爸妈妈一起带着小楠走进了心理咨询室。

心理咨询师先是跟小楠的妈妈单独做了沟通。期间,小楠就在咨询室外到处跑,还打滚。爸爸一直在旁边逗他,父子两个互动很好。当心理咨询师问小楠:"我想和你聊一聊,你愿意谁陪着你呀,还是你自己单独跟我聊聊?"小楠说,要妈妈陪。

小楠身边有一瓶之前和爸爸一起玩的时候带过来的矿泉水。小家伙进了咨询室之后就说,这矿泉水有毒。爸爸在矿泉水中放了毒,要毒死妈妈。小楠的妈妈就笑着解释,爸爸可能跟孩子开玩笑讲了个故事,孩子就当真了。

心理咨询师问小楠:"那你妈妈喝了之后是不是会被毒死?"

小楠一脸害怕地说："会呀。"

小楠的妈妈特别焦虑，自己的孩子经常会谈到"死亡""自杀"之类的话题。全家人没有谁说过这些词，平时看的电视剧里也没有这方面的内容，一家人都不知道小楠从哪里学的这个词。

小楠告诉咨询师，他要和幼儿园里的一个小朋友一起玩打仗游戏，要打败他们班另外一个小朋友。他们要成立一个军队，要杀死对方。小楠还告诉咨询师，他们要如何排兵布阵，谁是大将，谁做军师，然后他们去消灭掉另外一支军队。但是他现在打不过人家，因为他只有自己一个人……

妈妈解释说，小楠会说这些，可能和他平时跟爸爸下棋有关系，还有跟平时看的神话故事、动漫故事有关。

小楠的整个状态就是内心充满躁动，是一种不稳定的状态。作为一个不到5岁的孩子，小楠在幼儿园一直表现得很不错，非常聪明，并没有自闭等其他问题。出现这些状况，可能并不是孩子本身的问题，而是他所在的家庭出现了状况。

在心理咨询师和小楠爸爸单独沟通的时候，孩子的爸爸忽然流露出特别难过的情绪。他说："我知道，孩子没有问题。我儿子是对的，我们家庭就是这样的，我们家庭就是战争的状态。"这位爸爸告诉心理咨询师，他是倒插门女

三、讨好型妈妈是孩子的"病根"

婿,他和小楠的妈妈结婚后,获得女方家庭很多资源上的支持,平时他们小家庭和岳父岳母是住在一起的,岳父岳母对他很不客气,有时候会用很难听的话批评他。他当着岳父岳母的面只能忍气吞声,一回头就把所有的怨气发泄到妻子身上。

小楠的妈妈是个性格温和的人。她在和自己的父母相处的时候,是一种讨好的状态。父母很强势,她只能言听计从。面对丈夫的怨气,她只能默默忍受。丈夫现在回到家就窝在卧室外的书房,晚上也不回卧室,就在书房睡。

小楠的妈妈告诉心理咨询师,她一直不敢拒绝她的父母,没有勇气去跟父母沟通,她在父母面前永远是个小孩子。从小她就是很懂事的孩子,一直都是学霸。上四年级的时候,有一次考试虽然也是前几名,但没有平时考得那么好,结果一回到家,她妈妈冲上去就把她的铅笔盒直接从四楼扔了下来。她回忆说:"我当时特别害怕,我觉得如果我不听话,下一次我可能就被扔下来了。"

面对现在家庭的状况,她很想在外面租个房子,跟丈夫儿子搬出去,不和自己的父母住在一起。可是,丈夫对她一点也不支持。她找的房子丈夫不满意,说没有考虑他。她让丈夫和她一起去看房子,丈夫又不愿意,说让她自己看着办。她觉得特别难,特别无助。

解析

这个案例一开始似乎是一个还在上幼儿园的小孩子发生了问题，但实际上孩子并没有太大的问题，有问题的是孩子的家庭，是他的爸爸妈妈。

这个妈妈学历很高，学习能力很强，但受原生家庭的影响，没有力量去处理家庭的冲突，她内心是很纠结的。妈妈和儿子形成了一个紧密的连接体，结果妈妈的状态直接影响了她的儿子。这个妈妈很压抑，她有很多的愤怒，很多的情绪，全在她的内心。孩子表现出来的那些，实际上是妈妈压抑的情绪。

这个家庭中最关键的一个人是小楠的妈妈。她连接着所有人，是情绪和压力最大的人，她的情绪又直接影响了儿子小楠。

因为工作的需要，小楠的妈妈出差了比较长的一段时间。她原本比较担心家里的情况，但实际情况是，她出差不在家的那段时间，家里太太平平的。儿子小楠的状态反而比之前好了。

我们可以看到，平时小楠妈妈在家里的时候，整个家庭的关系是：两个老人会有各种事情看不顺眼，他们会把这种不顺眼归结到小楠爸爸身上，而小楠爸爸则会把情绪发泄在小楠妈妈身上。小楠妈妈出差的那段时间，她丈夫和她父母之间基本是路人，她丈夫忙自己的事情，她父母也基本上眼不见为

三、讨好型妈妈是孩子的"病根"

净,不会凭空地就去指责女婿。结果,整个家庭氛围改善了。

之后,小楠的妈妈做了更多尝试。有一次,她对父母表达了反对意见,她的父母居然没吱声,并听从了她的意见。这一次的"成功",让她感觉特别开心。她发现自己可以有力量"对抗"父母。

再往后,她的丈夫开始主动去找房子了。最后,他们租了一个大家都很满意的带一个小院子的房子,没事的时候,还可以种种花、养养狗。小楠之前那些让人担忧的动不动就嘟囔着打呀杀呀的状况都消失了。更重要的是,小楠的妈妈越来越自信了。

在这个案例中,小楠的妈妈身上有比较典型的讨好型特质。讨好型的人不管在家庭中还是在职场上,都会积压很多委屈、很多抑郁在心里。这些负面情绪,对人是一种消耗。

很多讨好型的人,自己其实是意识不到自己有这个情况的。在这里,有一个很重要的参考指标——在工作中、在家庭中或者带孩子时感觉到越来越累,那你可能就是无意识地在讨好别人。

讨好型的人,会特别在意别人的看法,会过多考虑对方而很少考虑自己。

举个例子,当我们要做一个决定的时候,一般来说,首先会考虑的是:我要得到什么?我这样做对自己有什么好处?但讨好型的人,首先考虑的不是这个,他们的第一出发点是:对方会怎么看我?我做了这个事之后对方会怎么评价我?这个事之后对方会怎么想？

此外，讨好型的人还会有一些躯体化症状，比如说容易出现肠胃问题。

建议

具有讨好型人格特质的人要突破自己获得成长，这不是一个短期能完成的任务，一般需要经历两步。

第一步是真实的环境下真实地打开自己。这个真实不带有风险，是开始获得自己力量的过程。这里提到的真实的环境，可以是心理咨询室里，也可以是在一些成长小组中。

对于讨好型的人，说真心话是一个冒险的过程。因为这个类型的人，首先考虑的是别人的眼神，而不是自己的需求，也不是自己的真实的东西。他们往往会因为别人的需求而违背自己的内心，当他开始表达自己内心真实的想法时，他会面对着过去习惯性的思维——就是别人会怎么看他，别人会怎么对他。这常常是因为过去的一个创伤性的记忆，让他感到说真心话是不安全的，说真心话是会伤害到他人的，说真心话是不礼貌的……所以对于他们来说，说真心话就是一种冒险。

"打开"自己说真话，意味着要克服固有的消极思维和固有的认知偏见，克服那种限制自己的枷锁。

第二步是获得技能的过程，就是既能表达真话又能够说得得体，它其实是一种社会技能学习的过程。

讨好型的人的特质，没有真实作为底色，会越说"面具"越

三、讨好型妈妈是孩子的"病根"

多,最后就迷失自己了。他们会觉得"打开"自己有风险。学习"打开"自己就像养育孩子一样,开始是个小幼苗,说话做事可能显得有点幼稚,慢慢地就会摸索到那个度,就会在这个过程中成长。

比如,在向心理咨询师咨询的过程中,咨询师会像镜子一样反馈各种各样的情绪,然后给到咨询者反馈。在成长小组类型的团体中,咨询者也会获得反馈和校正。

通过反复的练习,掌握到技能,在工作环境、家庭环境及其他的环境中,就能够自如地表达自己。这个过程有点类似于孩子个体化的一个过程。

讨好型特质的人,虽然在生理年龄上已经成年了,甚至已经做家长了,但需要像小孩子一样学习。因为他们内心里有一个"小孩子",这个"小孩子"没成长起来。

> **TIPS**
>
> ### 原生家庭影响你的潜意识
>
> 潜意识在不知不觉地影响着我们的人生,而潜意识的形成大多来自原生家庭中形成的思维方式、行为习惯以及对自己和他人的认识。小时候受原生家庭的影响越深刻,长大后越倾向于按照小时候的世界观来看待成人世界,按照原生家庭中形成的思维习惯来应对别人。

人与原生家庭的关系,一般来说有四种反应模式:顺从、反叛、攻击和断绝关系。

顺从。顺从是为了和权威或强势一方达成"一致"。比如,家庭中爸爸是大男子主义,要求一家人都要顺从他,尤其是妈妈,否则就会发脾气。这个家庭氛围中,妈妈的顺从会影响到孩子的感受。孩子们会知道,只有顺从爸爸,他们才有安稳日子过。孩子们长大后,就会非常在意他人的看法,因为一旦有人不开心,他们就会紧张,极力表现出顺从,让对方认同自己。

反叛。反叛是要和权威或强势一方说的不一样,以显示自己的与众不同。比如,家庭中父母是权威,反叛者一般是孩子。如果有多个孩子,往往会是其中受关注比较少的孩子。为了引起父母的关注,他会选择反叛的方式来回应这个权威人物。这样的孩子长大后,就容易想方设法表现自己的不同,以引起其他人的关注和重视。

攻击。攻击是为了消除对方对自己的否定或不认同,采取攻击方式来显示自己的权威。比如,夫妻之间会因为一方要当"一家之主"而出现攻击者,这样的攻击是在争夺家庭权力。家庭中很多事无所谓对错,这种话语权的争夺往往就是家庭矛盾产生的

三、讨好型妈妈是孩子的"病根"

原因。这样的争夺战会影响到孩子以后的婚姻生活。因为在他们看来,只有成为一家之主,才是最重要的。这种家庭环境里长大的孩子,有时自己都感觉不到自己有这种状态,这就是潜意识在起作用。

断绝关系。断绝关系是为了解决人际关系出现的争端,采取"离开"的方式以显示自己的不满。比如,一个强势的妻子,会让丈夫觉得自己被掌控,进而与其断绝关系。这种断绝关系未必就是离婚,很可能是冷战。长大的孩子,因为父母总是吵架,选择搬出家,也是一种断绝关系。很多人觉得,自己和原生家庭划清界限,就不会受到其影响,现实情况却未必如此。

四、做了家长还要事事都听父母的吗

专家支持：

孙嘉仪，知音心理咨询中心咨询师。

导言

一个人的成熟是从和原生家庭告别开始的。完成了和原生家庭的分离，意味着自己在做决策的时候，依据的是自己的想法、需求而不是自己爸爸妈妈的想法、需求。如果一个人已经成为了家长却还没摆脱原生家庭的"控制"，会发生什么？我们一起来看下面的案例。

案例

大徐（化名）起初是因为上初中的女儿小美（化名）的抑郁问题找到心理咨询师寻求帮助的。女儿的抑郁挺严

四、做了家长还要事事都听父母的吗

重,看了好多医生,也吃了不少药,症状却一直没有减轻。大徐怀疑女儿是不是装的。心理咨询师评估之后告诉大徐,小美的情况并不好,不是假装抑郁。

大徐出生在一个多子女家庭,他有一个哥哥。大徐的哥哥从小就很优秀,非常有出息,而大徐从小就经常被自己的父母打骂。这使他在外面待人接物时表现出过分谦卑的态度,而在家里则经常会对女儿采用暴力的方式,生气的时候甚至会用皮带抽打女儿。因为大徐自己小时候就是这样被父母对待的,他认为管教孩子就应该这样子的,父母对孩子的爱就是这样表达的。

大徐对自己的原生家庭非常忠诚,对于自己的父母非常忠诚,百分百认同自己的父母。他对自己的女儿也是这样的要求。

大徐的妈妈得了癌症,一直住院,他要女儿去看望奶奶。女儿不愿意。女儿告诉心理咨询师,她很不喜欢奶奶,因为以前奶奶每次到他们家里,进小美的房间从来都不敲门。另外,奶奶来他们家还要住在小美的房间,可是小美一点也不愿意奶奶住在她的房间。后来,奶奶嫌弃小美的猫,大徐就把女儿的猫给处理掉了。这件事情让小美非常恼火,非常伤心。除了不喜欢奶奶,小美也因为自己的状态,非常不想去医院,那个环境让她非常不舒服。

大徐担心小美不去看奶奶,老人就见不到孙女最后一

> 面了。另外，他从来没有告诉自己的父母孩子有严重的抑郁症，不能正常上学，很长时间都在休学治疗。他怕自己的父母知道后会崩溃。

解析

　　大徐虽然是个成年人，女儿都已经上初中了，但是，他和自己的原生家庭却没有真正地完成分离。以他要求女儿去医院看病重的奶奶为例。他不能拒绝他的父母想要见见孙女的期待，又不敢告诉父母小美有抑郁症的真实情况。用他的话说，如果他的父母知道孙女有这样严重的抑郁症会崩溃的。父母崩溃了大徐自己也会崩溃。从中可以看到，大徐无法区分父母的感受和他自己的感受，他的父母接受不了孙女有抑郁症在休学，所以他也接受不了。他没有自己的界线，无法尊重别人的想法。

　　为了达成让女儿去医院看望奶奶这个事情，大徐对女儿软硬兼施，表面上说好好沟通，说着说着就开始威胁了，再不行，又开始讨好贿赂。

　　小美的妈妈很希望小美继续上学，她不希望孩子休学在家里，没有人照看。她无法说服自己的父母来帮忙照看生病的小美。因为，外公外婆无法接受一个不能正常上学的孩子。她和老师去打招呼，告诉老师孩子病了，吃的药可能会引起嗜睡的情况,上课有可能会睡着,让老师多多"照顾"一下。可是小美并不愿意去学校,她一点也不愿意在班级里成为一个很特殊的存在。

于是,一个抑郁症孩子,承接了家庭中最多的压力——她的一对没有在心理上真正与原生家庭做好分离的父母的压力,以及这对父母背后的爷爷奶奶、外公外婆的压力。很难想象,这样的家庭怎么能养育出一个健康快乐的孩子。

建议

平时的生活中,我们如何觉察这类人呢?

这类人的特点是,常常处在冲突当中,特别是跟亲人之间的冲突。他们的沟通模式里不太会去考虑我跟你讲一件事情之后你会有怎样的反应。他们很容易动辄就把"我父母……怎么办"放在嘴上。对于小孩子来说,这种情况很正常,孩子会想到,因为爸爸妈妈生气所以我不可以做某些事情。可是,当一个成年人总是在做决策之前考虑父母是否会生气,这就不太正常了。这类人无法做到尊重自己的感受,很多时候在为别人而活,越活越不是自己想要的样子。

还有一类人会强调,"我知道我爸妈这样特别不对,所以我一直要求自己不要像爸妈这样"。他们往往是从一个极端到另一个极端。他没有去想,不像爸爸那样,那么怎样才是正确的?

一般来说,这类群体在遇到问题的时候,如果及时向专业的心理咨询师寻求帮助，配合校正，大都能够在心理咨询师的帮助下自我觉察、自我成长。

> **TIPS**
>
> ### 和原生家庭"分化"
>
> 　　原生家庭的一个重要任务是：帮助我们发现自己到底要什么，鼓励我们"做自己"，同时与其他人保持亲密关系。大多数人在同一个时期只能做到上述内容的一个方面。要么顺从他人，以维持亲密关系；要么切断与他人的联系，以求做真正的自己。
>
> 　　只有那些和原生家庭"分化"成功的人才可以真正地"做自己"。这样的人是开放的，他们愿意接受自身与其他人的差异。当有其他人要求他们做出改变的时候，他们不会做出过分的反应。他们愿意做一些改变，乐于接受新的信息，善于对自己重新定位。他们不会认为需要改变就意味着自己有不足和缺陷。
>
> 　　实际上没有人是完全"分化"成功的，在经历的各种关系中，我们或多或少地会进行"分化"，我们"分化"得越频繁，这个过程就会变得越容易。
>
> 　　"分化"良好的人具有以下特征。

四、做了家长还要事事都听父母的吗

具有目标指向性。能清醒地认识到自己的价值,能确定什么东西对自己来说是重要的。你在别人面前自由表现真我的时候,会发现人际关系变得更加愉悦。

能够区分思考与感受。面对各种抉择,分化成功的人能够分析各种选项的好处与坏处,能够理智地作出判断。他们可以区分自己的思想和感受,能够从自身出发考虑问题,有自己的底线,同时会听取别人的意见。相反,那些分化不太成功的人,容易把主观情感当成客观情况的真实反映。

五、别把教育等同于争取资源

专家支持：

邵僞颖，国家二级心理咨询师。

导言

有一个曾经刷爆朋友圈的段子，说出来大家一定不陌生。有人问：孩子 4 岁，英语词汇量只有 1500 左右，是不是不太够？回答：在美国肯定是够了，在海淀肯定是不够。

虽然是个段子，但挺真实的。从语数英主学科到体育、益智、乐器，都有了鄙视链。对于很多父母来说，孩子的兴趣不重要，重要的是学的是不是鄙视链上游的东西。但是谁能保证，现在的上游不会是将来的下游呢？曾经火爆的钢琴，现在已经风光不在。

一边"鸡"娃、内卷，一边疲惫不堪。是不是你自己的模样？

五、别把教育等同于争取资源

案例

案例一

一个5岁小孩的简历上了热搜。这份长达15页的简历,从男孩的家庭、性格、经历、爱好、父母的教育观、老师评价以及2018年英语阅读书目7个方面展现。3岁开始阅览中英文书籍,5岁年阅读量达500本,去过的国内城市有十几个,国外多达二三十个……这一串华丽的数字让不少网友惊呼:"输在了起跑线上!"

案例二

美国《纽约》杂志的专栏作家詹妮弗·西尼尔曾经做过一场关于《为何养育儿女伴随这么多焦虑?》的演讲,她说:"书店里育儿书籍满天飞,有关于如何环保地养育小孩的,有关于养育百病不侵小孩的,有教你培养孩子金融思维的,也有培养孩子科学头脑的,除了教小孩拆除核弹,其他似乎应有尽有……当我看那一架子书时,我看到的不是它们会给我带来什么帮助,我看到的是焦虑。就像一座高耸的糖果色的碑,聚集着整个社会的恐慌。"

解析

幼儿园孩子就已经有了让成年人都自叹不如的简历,教育内卷几乎成了每个家长躲不开的挑战。这一切是怎样发生的?

过去,在农业社会,劳动力很重要,男性在体力上优势比较大,一个家庭里男丁多意味着劳动力多,所以男性的地位很高,大家都想要生男孩。在中国,有相当长的一段时期,存在着重男轻女的传统观念,男孩子会很容易就获得更多的资源,而女孩常常被轻视。

曾经持续很多年的独生子女政策,也加剧了这种"不平衡"感。每个家庭只能生育一个孩子,只有一次机会,整个家庭的期待都押宝在这一个机会上。独生子女政策下出生的女孩,如果是在一个特别期待男孩的家庭中,她会在潜意识里感受到自己是一个不受欢迎的孩子。她一出生就要跟一个不存在的竞争者去竞争——那个不存在的"儿子"。整个成长阶段,她不仅要跟学校里的同龄人去竞争,还要跟家里面那个不存在的男孩去竞争。这样一个不存在的男孩,往往会在想象中被塑造成一个完美的形象。谁能赢得了一个只存在于想象中的完美的孩子呢?

农业社会已成为久远的历史,现代社会中男性和女性在经济上的地位越来越趋于平等,女性得到了比过去更多的机会。在学校里,有很多女生成绩优秀,超过同龄男生;进入社会后,很多行业女性的表现比男性更出色。

在这样的社会大环境下,女性对下一代的教育陷入了焦虑和内卷。现在很多对孩子的教育特别焦虑的妈妈,小时候

五、别把教育等同于争取资源

在自己的原生家庭中,或多或少都经历过要很辛苦地去争取才能得到一些机会和资源的情况。这样的成长经历,会让妈妈在对待自己孩子的教育问题上,比较担心孩子是不是能够获得足够的资源,或者比其他孩子更多的资源。这种焦虑不因为孩子的性别而改变——如果孩子是女儿,妈妈会担心她像自己小时候那样难以获得好资源;如果孩子是儿子,妈妈会担心他在竞争中被同龄的女孩超过。

那些妈妈早早地开始给孩子准备英语绘本,带着孩子上各种班,要求孩子在各种科目上都要去争第一,口头上总是挂着"我是为了孩子好",却从来没有停下来听听孩子的感受,孩子是不是喜欢妈妈安排的这么多课程,是不是真的喜欢自己每天都要花两个小时练习的钢琴。

建议

教育不是资源的获取,教育是人格上的成就,是一个长线的事情。如果家长能够意识到这一点,可能就不会那么焦虑,也更容易去尊重孩子个性化的发展。

和孩子讨论一下孩子的日程安排,问问孩子现在学的这些课程喜欢吗?觉得能吸收吗?如果孩子觉得不够,还想学得更加深入一点或者更多一点,妈妈可以再去找资源;如果孩子觉得太多了,太累了,那么我们就来看看减少哪一些会比较好。

内卷的环境下,要做一个保持清醒的妈妈,不要时时处处跟其他人去比较，尤其是不要去跟一个只存在于想象中的完美的人比较。这样，作为妈妈你就不至于那么焦虑，因为你只需要专注于眼前的自己的孩子，专注于孩子的感受，专注于和孩子一起讨论和安排学习、休闲、娱乐。

TIPS

亲子关系中的课题分离

阿德勒心理学提出了课题分离的概念。

课题分离并不是人际关系的终点，而是起点，是维持一段良好关系的入口。在阿德勒看来，一切人际关系矛盾都起因于对别人的课题妄加干涉或者自己的课题别人妄加干涉。只要能够进行课题分离，人际关系就会发生转变。搞清楚是谁的课题，方法非常简单，思考一下，这种选择所带来的结果最终由谁来承担。

在很多家庭中都有个现象，那就是一辅导作业，一涉及孩子学习的问题，就鸡飞狗跳，甚至有家长因为孩子不认真学习，生气到要吃速效救心丸的程度。

实际上，学习是孩子的课题。孩子不学习，最终会承担不学习的后果，会因此后悔。家长对孩子的影响很大，但是家长不能代替孩子学习。家长在处理孩子学习这个课题的时候，比较合适的做法是调

五、别把教育等同于争取资源

动孩子的学习兴趣,告诉孩子这是他自己的课题。在孩子想学习的时候父母要给予帮助,比如创造相应的条件,帮助获得相关的学习资源,作为辅导顾问的角色出现,帮助孩子解决遇到的学习难题等。但家长不要对孩子的课题妄加干涉。

阿德勒认为,在学习这个事情上,被辅导者是否改变不是辅导顾问的课题。辅导顾问要竭尽全力地加以援助,但不可以妄加干涉。打个比方来说,就是可以把马带到水边,但不能强迫其喝水。不能无视本人的意愿而强迫改变,这样日后会产生更强烈的反作用。能够改变自己的只有自己。

即使父母也得放下孩子的课题。在亲子关系中,父母要分辨出哪些是孩子的课题,哪些是父母的课题。在平时与孩子建立亲密的互相信任的亲子关系,当孩子遇到困难的时候,就会第一时间找父母商量或者向父母请求援助。

第二篇

妈妈角色的成长

一、不能母乳亲喂就不是好妈妈吗

专家支持：

邵僞颖，国家二级心理咨询师。

导言

当社会普遍接受了母乳喂养好的观念后，母乳亲喂俨然成了一个好妈妈的标配。母乳亲喂的确是很棒的过程。在这个过程中，妈妈和宝宝肌肤、目光、语言的接触与交流，使宝宝的依赖情感得到满足，从而建立起了对妈妈的信任，促进亲子关系的加深。给宝宝哺乳，是妈妈与宝宝之间最直接的交流，也是许多妈妈引以为豪的事情。但是，并不是每个妈妈都能母乳亲喂：有的妈妈乳房条件不好，有的妈妈奶水不足……

"当我不能母乳亲喂时，我觉得自己是个不称职的妈妈。"这种念头，困扰着一部分妈妈，甚至让她们陷入抑郁。

案例

蓉蓉（化名）生完孩子之后，陷入了焦虑中，因为她的乳头凹陷，没有办法给宝宝亲喂，只能用吸奶器把母乳吸出来再喂宝宝。这让蓉蓉觉得自己不是一个好妈妈。

蓉蓉跟很多生过孩子的女性朋友讨教经验。那些"过来人"纷纷给蓉蓉出主意，还推荐了好几个催乳师来帮助蓉蓉解决母乳亲喂的问题。但这个问题一直都没有得到解决，每次都是搞得蓉蓉眼泪直流，宝宝小脸涨得通红，催乳师累得一身汗，宝宝依然没有能够直接从妈妈的乳房吃到母乳。

蓉蓉在生孩子前看过好多种有关产后妈妈会遇到的情况的资料，她想自己情绪那么不好，是不是得了抑郁症？

抱着这样的想法，蓉蓉去精神卫生中心做了测试，得到的测试结果果然是"抑郁"了，精神卫生中心的医生甚至建议蓉蓉住院治疗。这让蓉蓉特别纠结，孩子还不到 1 个月，需要妈妈的母乳，自己怎么能离开孩子去住院治疗抑郁症呢？

其实，在照顾蓉蓉的护理师看来，蓉蓉和宝宝的互动很好。每次她抱着宝宝的时候，宝宝总会有许多非吮吸性的动作，比如舔舔妈妈的乳房，用手抓住妈妈的身体，小脚不时地蹬几下。但这些动作，让蓉蓉以为宝宝是在拒绝自己。

一、不能母乳亲喂就不是好妈妈吗

> **解析**

　　在生完孩子之后,妈妈体内的激素水平在短时间内会发生非常大的变化。激素水平的变化会直接影响到情绪,很多新手妈妈会在产后的一段时间里有抑郁情绪,如对各种事情都很敏感、容易掉眼泪等。每隔四小时左右就要给孩子喂奶,或者用吸奶器把母乳吸出来,是一个非常辛苦的事情,这意味着,妈妈在生完孩子后的那几个月,几乎没法像生孩子之前那样睡个完整觉。在平时,我们可能不觉得一觉睡上八小时是一件多么难得的事情,可是,对于新手妈妈来说,在刚生完孩子的那几个月里,睡个完整觉绝对是一种奢侈。连续缺觉的状态,也容易让人陷入到不良的情绪里。处理不良情绪是很多女性在做妈妈之后的一大挑战。

　　美国一项针对2500多名女性的研究发现,有过消极母乳喂养经历的女性更容易出现抑郁症状。另一项研究则发现,母乳喂养对产后心理健康的影响因孕妇是否计划母乳喂养婴儿而有所不同。原本打算母乳喂养婴儿但产后无法母乳喂养的妇女,患产后抑郁症的几率更高。

　　蓉蓉的抑郁情绪,主要就是来自消极母乳喂养的经历——蓉蓉的乳房条件不够理想,无法给宝宝亲喂,但这并不影响蓉蓉的宝宝享受妈妈的母乳。蓉蓉使用吸奶器等工具把母乳吸出来喂给宝宝,在宝宝得到母乳的营养和来自妈妈的抗体保护方面,蓉蓉和其他妈妈是一样。只是,蓉蓉的宝宝,可能没法通过吮吸乳房来获得口欲期的满足。不过,这实际上可以通过奶嘴的使用,得到相应的弥补,对宝宝也不会造成太多的影响。所以,在母乳喂养这个事情上,蓉蓉的状态和她的宝宝的状态是截然不同的。

蓉蓉的宝宝还是挺享受妈妈的怀抱和妈妈的母乳的。他很愿意在妈妈怀里和妈妈肌肤相亲,喜欢舔舔妈妈的乳房,喜欢用脚蹬几下,这些都显示出小宝宝对妈妈的亲近。要知道,在妈妈子宫里的时候,宝宝也是会蹬蹬脚、转个身、吐吐舌头的。宝宝离开子宫,来到外面的世界,依偎在妈妈怀里,依然可以闻到熟悉的气味,感受到熟悉的心跳。宝宝和蓉蓉之间的亲子互动,非常不错。这一切,蓉蓉自己并没有意识到——她没接收到宝宝对妈妈表达的爱。

蓉蓉一直纠结在"不能给宝宝亲喂就不是好妈妈"这个情绪中,这个观点是蓉蓉对于好妈妈的设定。她执着于要把事情做到完美,还设定了完美的标准。但实际上,对于小宝宝来说,妈妈的全心呵护才是最重要的,亲喂、用乳盾或奶瓶等都是可以接受的选择。

蓉蓉这种对完美的执着,和她的成长经历有关。她自己从小一帆风顺,学生时代一直是学霸,工作之后一直表现很优秀,连谈恋爱都是从初恋直接进入婚姻。她没有遇到过多少挫折,没有遭遇过拒绝,这些都加固了她对于完美的追求。因为经历的完美太多,或者对完美的追求过于执着,所以接纳不完美的弹性可能会变得比较僵化。

一、不能母乳亲喂就不是好妈妈吗

📎 建议

都说婴儿的微笑是最富有感染力的微笑,能治愈爸爸妈妈在抚育新生命过程中的各种艰辛。对于妈妈来说,产后因为生理上激素水平的巨大变化,容易引起抑郁情绪的那段日子,宝宝的微笑,是最能治愈不良情绪的良药。

蓉蓉在专业人士的建议下开始每天记录宝宝的内源性微笑。看到一次就简单地记录一次。所谓的内源性微笑,就是婴儿在清醒状态下,在吃饱喝足、尿布干净的时候,脸部安详,嘴唇有时会上抬微笑。这时的笑容是由婴儿本身的生理和心理状态而产生的,并不是外部的刺激诱发的,因此被称为内源性微笑。

当蓉蓉把注意力聚焦到宝宝的微笑后,她的抑郁情绪得到了明显的缓解。宝宝的微笑,让她感受到初为人母的成就感和幸福——自己是一个好妈妈。

记录宝宝的内源性微笑,帮助新手妈妈度过情绪危机,也可以为宝宝留下一段特别的"日记"。

TIPS
这些交流方式可以增强亲子联结

对于 6 至 18 个月的宝宝,妈妈可以做下面这些事情,来增强亲子之间的联结。

妈妈经常使用宝宝腔和孩子讲话。这可以刺激宝宝大脑的语言处理区域，扩展孩子注意力的范围。随着宝宝的成长，再逐渐过渡到用正常的语速和语调与孩子对话。

妈妈不断地与孩子交谈，描述日常生活中碰到的物件和进行的活动，比如，穿衣服、喂奶、买东西、清扫、做饭等。

妈妈和宝宝面对面说话。妈妈要让孩子能清楚地看到你说话时嘴部的运动和面部的表情。

在一天中的不同时段播放音乐，唱一些简单的歌。

在孩子的婴儿床、婴儿车、车载儿童座椅或者房间墙上，挂一些照片，激发孩子的早期视觉分辨力。

有意识地指出物件的属性，比如光滑、粗糙，方的、圆的，蓝的、红的，等等。

二、完美主义妈妈成了高级人工监控仪

专家支持：

樊漓云，获得EAP管理专业人士国际认证，国家二级心理咨询师，正面管教家长培训师，获得NOVA国际危机干预认证。

导言

当一个妈妈从小就是学霸，做事特别认真，对自己期待非常高，不许自己出错，并且将自己工作学习中的高要求、反复核实比对的方式，泛化到了生活的方方面面，对周围其他人也一样要求很高，她的生活、她的孩子会发生什么？我们一起来看一下。

案例

艾莉(化名)是一名海归精英,她在国外留学多年,一直都是拿着奖学金的学霸。回国后,艾莉通过相亲认识了自己的"真命天子",很快就进入婚姻成为一名准妈妈。工作上艾莉非常能干,非常理性,对任何事情都要做比对,这已经成为了一种习惯。怀孕期间,咨询营养方面的问题、选月子会所、买宝宝用品……各种信息她都要随时做比对。她最常说的一句话就是"你的说法我去核实过了,我觉得是有道理的"。

生完孩子入住月子会所,见到会所的护理师,艾莉第一件事情就是把护理师的每一个手指甲的边缘摸了一下,看看有没有倒刺,有没有尖的地方。

由于怀孕时年龄偏大,艾莉有妊娠糖尿病和妊娠高血压。她要求月子会所给她准备的饭菜要用无油和无盐的烹饪方式来做。这样的饭菜味道实在不怎么样,吃了没几天,她就几乎吃不下去了。护理师建议说,可以稍加调整,不用那么严格完全无油无盐。但艾莉依然坚持。她跟月子会所的工作人员说:"这个我可以忍受。"

住了42天后,艾莉和孩子离开月子会所回到了家。在接下去的四五个月里,她接连换了两个育儿嫂。她习惯不断地做比对,总是会很快发现育儿嫂的不足,比如不够讲卫生,照料宝宝的动作不够轻柔……

二、完美主义妈妈成了高级人工监控仪

频繁地更换育儿嫂,使得艾莉的宝宝无法适应,开始进入到喝"迷糊奶"的状态——就是一定要进入浅睡眠的状态才可以喝奶,不能在清醒的状态下喝奶。白天,一到喝奶的时间,宝宝就开始有闹觉反应,哭闹发脾气,这个时候育儿嫂就要哄哄他,让他进入浅睡眠状态,然后再把奶瓶放进宝宝嘴里。基本上每一顿奶都是这样喝下去的。

宝宝的这个状态让艾莉非常焦虑。她担心孩子吃得不够多,营养不够。这种状态下,艾莉的宝宝在吃的方面是比同样月龄的孩子有些滞后。到了能吃辅食的月龄,辅食大多是在游戏状态下当零食来吃的。

艾莉的妈妈过来帮助她照顾孩子,但是因为艾莉的强势,老人有点无所适从,不知道怎么做才对,就变成了一个"守卫者",负责盯着宝宝,向艾莉报告每天育儿嫂带着宝宝都做了什么。家里还安装了带有夜视功能的摄像头,24小时关注着宝宝的一举一动。

在孩子快 20 个月的时候,艾莉家附近开了一个政府扶持的托班。艾莉抱着试试看的心态把孩子送去了托班。起初,她很担心孩子会不会不适应,会不会有分离焦虑。没想到,孩子去上托班后,吃饭很好,午睡很好,和其他孩子一起玩得很开心,就像一只从笼子里飞出来的小鸟,快乐极了。

贰 解析

从行为上看,艾莉有明显的完美主义倾向和强迫倾向——期待极高,行为刻板,对周边完全不信任。这些都表明她内心有强烈的不安全感,这也使得她的焦虑感很高:事无巨细,都要反复比对和检查。她的内在没有安全感的时候,她就要保证自己外在的环境是安全的。她对各种事情、各种细节进行比对,还在家里安装了24小时监控摄像头,这些都是她内在不安全的外部投射。她的潜意识里,默认周围的环境是不安全的,什么都得自己掌控着,什么都得自己看过。她的大脑形成了一个"安全检查系统",会对每一个新碰到的事情进行比对核实。

从这个案例中,我们看到了艾莉内心对犯错和失败有着极强的抗拒,不能接受任何瑕疵。孩子的出生对她来讲是人生的重大事件,艾莉当然不允许自己出错,她极高的焦虑放大了她眼里的很多不完美的细节。这种焦虑,让她把自己变成了一个高级人工监控仪,比如,对月子会所护理师的要求仔细到了每个指甲边缘是否光滑,对家里的育儿嫂有一点不满意就要换掉。这些不完美的细节在她眼里都是无法忍受的。

艾莉对自己的要求也非常严格,月子期间的饮食,要完全无油无盐,哪怕这样的饭菜味道寡淡得她自己几乎吃不下去,依然表示"我可以忍受"。这种刻板的行为方式,透露出她不

二、完美主义妈妈成了高级人工监控仪

能接受自己出一点点的差错。她的思维中,会把事情"灾难化"——如果不做到无油无盐的饮食,我就会完蛋,我的孩子也会完蛋。

妈妈的这种高度焦虑和内心深处的不安全感,全部都会被刚出生的小宝宝接收到。虽然小宝宝还不会说话,但是,小宝宝的感觉器官非常敏锐,能够接收外部世界的各种信息。没有一个小宝宝会接收不到妈妈的状态,亲子之间的联结就是这样的神奇。

在艾莉频繁更换育儿嫂之后,她的孩子陷入了喝"迷糊奶"的状态,就是孩子对于妈妈的这种高度焦虑和不安全感的回应。刚出生的孩子需要建立稳定的关系,频繁更换照料他的育儿嫂,让孩子无法建立稳定的关系,孩子对这个世界也充满不安全感。妈妈频繁地换育儿嫂,孩子的世界里,不断地在出现陌生人,孩子就长期处在一种应激状态——刚刚熟悉了一个育儿嫂,马上就换了,又需要去适应新的育儿嫂。对于孩子而言,这个世界太不靠谱了。

喝"迷糊奶"是孩子的一种应对方式,让自己进入一种"麻痹状态",迷迷糊糊地进食。清醒的时候,他无法在不安全的感受下进食。这样的一个应激状态对于孩子而言内耗很大,很疲惫。

家里到处都有 24 小时的摄像头,还有外婆每天在边上盯着育儿嫂照料,对于这个小宝宝来说,生活空间是被过度"监视"没有太多自由的。因此当妈妈把他送去外面的托班时,他

像一只飞出笼子的小鸟那样开心。

对于这个小宝宝来说,去托班是一次很棒的尝试,他可以开始自己"飞翔"。如果一直被一个高度焦虑的妈妈管着,时间太久孩子可能就会失去了"翅膀",失去了"自己飞翔的能力"。

建议

艾莉有明显的刻板、强迫行为。她在自己的状态里难以自我觉察,需要专业的心理咨询师给予帮助和干预。如果我们身边有类似艾莉这样的妈妈,可以善意地提醒,从观察周围的人际相处状态,自我觉察是否需要一些专业的帮助。

正常的成年人的世界里,大家可以比较坦诚地沟通。如果周边的人都不能正常地向你表达自己的观点,从来不敢反对你的意见,和你说话的时候总是小心翼翼的,你可能真的需要反思一下自己平时的状态。

TIPS

你是"直升机"父母吗

"直升机"父母指的是:过度保护、干预儿女生活的父母,就像直升机一样不断盘旋在儿女身边,处处都要监视和干涉他们的生活。

二、完美主义妈妈成了高级人工监控仪

这个比喻最早出现在海姆·吉纳特的畅销书《父母和青少年》中,其中一名青少年抱怨:"妈妈像直升机一样在我身边盘旋。""直升机"父母希望替儿女把路铺平,确保儿女一直在通往成功的道路上。

美国西维吉尼亚大学副教授克里斯汀·莫伊兰宁,对"直升机"家长的现象作了一项研究,并表示"直升机"育儿现象通常发生在中上层家庭中。这类父母重视和强调孩子的成功,并喜欢炫耀子女的成就。

莫伊兰宁教授称在"直升机"育儿模式下成长的孩子为"温室里的孩子"。她说:"这些孩子由于被父母过度保护,成长为温室中的娇嫩的花朵,而且就像热带植物一样,只要遇到稍微恶劣的环境,他们就变得很脆弱。"

莫伊兰宁教授招募了304位年龄介于18至24岁的年轻人进行了一项网络问卷调查,让他们根据父母对自己的教育方式和方法回答有关问题,同时对他们的生活掌控力、自我调节能力、社交能力以及抑郁程度进行了问卷调查。

研究结果显示,父母的"直升机"式教育倾向越重,孩子的生活掌控力、自我调节能力和社交能力均越低,且抑郁指数越高。

拯救准妈妈的未来焦虑 走出原生家庭束缚找到自己的角色

美国斯坦福大学教育学院的副教授叶莲娜·布拉多维奇在《家庭心理学杂志》上发表的一篇关于儿童自我调节能力的研究表明,父母的过度参与可能会损害孩子控制自己注意力、行为和情绪的能力。

"父母已经习惯于千方百计地干涉孩子,即使孩子们正在积极地进行被分配的任务,"布拉多维奇表示,"当父母让孩子在他们的互动中起主导作用时,孩子们反而会练习自我调节技能并建立独立性。"

三、妈妈越焦虑，宝宝越敏感

专家支持：

徐恒，国家二级心理咨询师。

导言

孩子应该乖乖听话，孩子应该好好吃奶，孩子应该去早教班学习……焦虑的妈妈会对孩子的每个成长细节纠结，一旦孩子没有按照她心目中"应该的"样子成长，妈妈就无比焦虑。一个充满焦虑的妈妈，大概率在自己的原生家庭中没有获得足够的安全感，宝宝大概率有个和妈妈差不多焦虑的外婆……按这个上下游关系联想开去，"焦虑妈妈"的影响力可是跨越了代际的。如何打破这个惯性？妈妈要先照顾好自己，让自己从焦虑中走出来，拥有稳定的情绪。妈妈的情绪稳定了，宝宝的底层安全感才更稳固。

拯救准妈妈的未来焦虑 走出原生家庭束缚找到自己的角色

案例

静静（化名）是一个 85 后妈妈，她经常处于焦虑中。

在谈恋爱的时候，静静一直被催婚，结婚后又一直被催着生孩子。静静的丈夫学历很高，公公婆婆也都是高级知识分子。静静的婆婆在高校工作，走到哪里都被人称为老师。静静的婆婆平时对生活细节很讲究，要求比较高。在这样的一个家庭氛围中，静静大多数时间都处于非常焦虑的状态中。

静静在生完孩子之后住进了月子会所。月子会所里有整套的专业服务，护理师对她和宝宝照顾得非常周到。

眼看着孩子就要满月，要回家的日子越来越近了，静静变得更加焦虑。她跟闺蜜倾诉了自己的焦虑。她的闺蜜是个"过来人"，耐心劝慰她，每个人成为妈妈的时候，都会对这个新角色有一个适应的过程。她马上打断闺蜜："不是的，不是的，我不是担心宝宝，我就是觉得我的自我无法安放。"

离开月子会所回到家里之后，静静有很多的不适应。她觉得自己的女儿真的很难带、很折磨人，跟婆婆的相处也让她有很多不开心的地方。那段时间她甚至辞掉了工作，虽然她的工作单位是可以接受她产假之后再请假一段

三、妈妈越焦虑，宝宝越敏感

时间的，可她觉得自己不能再回到原来的工作状态了。

在家里带娃的日子里，静静经常给闺蜜发信息吐槽。她说自己觉得非常不舒服。本来两个人的家、两个人的空间，现在突然多了一个小宝宝，多了许多小宝宝的物品，还多了一个照顾小宝宝的阿姨，多了很多乱七八糟的东西。另外，婆婆会经常过来看看小孙女。婆婆从来不把自己当外人，她甚至要求静静给她配一把他们家的钥匙，声称万一她过来看望孩子的时候静静和丈夫都不在家，她也可以很方便地自己开门进来。

孩子一天天长大，静静的焦虑却一点也没有减轻。她有无穷无尽的烦心事儿——为什么别人的孩子晚上是不哭的，我的孩子会一直哭；为什么别人的孩子已经可以自主翻身了，我的孩子还不行；为什么我的孩子特别认生，特别敏感，特别胆小，带她去早教机构上体验课，全程都是在哭，而其他的小朋友都能很开心地跟着老师玩耍。

静静也曾下定决心要让孩子稳定地去上早教课，但是每一次上课都是一场灾难，孩子总是从头哭到尾，一点都不开心。在早教机构里，只要有其他小朋友朝着静静的宝宝走过来，静静的宝宝就觉得威胁很大，开始大哭。静静每次都觉得很无奈很崩溃。

静静认为自己的宝宝之所以会这样，是因为照料宝宝的阿姨不好。她打定主意要换掉阿姨。没想到，静静换了阿姨之后,她的宝宝完全不要新来的阿姨。阿姨喂奶、哄睡宝宝都要哭,阿姨完全搞不定。

闺蜜向静静建议,让小宝宝有个过渡,先不要完全让新的阿姨去给宝宝喂奶和哄睡,因为对于一岁的小宝宝来说,吃和睡都需要一个很信任的人来帮助。如果紧张的话宝宝可能就不想喝奶。哄宝宝睡觉也需要一个建立信任的过程。可以先让阿姨来家里做一些其他的家务事,比如帮孩子做点辅食、清洁小宝宝用的物品等。让孩子先熟悉空间里有这么一个人了,放下很多戒备了,然后在妈妈在旁边的时候,让阿姨陪着宝宝玩一玩,等宝宝逐渐适应了再进入到让阿姨喂奶和哄睡。

对于闺蜜的建议,静静特别焦虑地说这样不行,她和先生白天都不在家,要上班的,请一个阿姨来就是要阿姨照料孩子的吃和睡的。

在焦虑情绪里出不来的静静,每周都要跟闺蜜打电话倾诉自己的各种焦虑,每次都要等到对方说"你太不容易了,你的孩子太难带了",她才罢休。这句话对她似乎很重要。

贰 解析

在静静的成长过程中,她的原生家庭给她带来了很多的

三、妈妈越焦虑，宝宝越敏感

焦虑。她一直是在一种不太被认可、一直被催促的环境中成长的，这种压迫感在新的家庭中延续了下来。在走入婚姻开启自己的小家庭生活时，静静的内心希望自由、自主，但是，新家庭中并没有静静希望的自由、自主，她依旧延续着原本的焦虑，依旧有一种压迫感。

怀孕生产对于每一个女性来说都是一个挑战，身体会发生巨大的变化，情绪也会因为激素水平等原因受到很大的影响。在孕期和坐月子期间，大部分妈妈都可能会有焦虑情绪。产后，很多妈妈的焦虑情绪会随着孩子一天天的健康成长缓解，代之以看到新生命每天都有新的进步的幸福感。但是，静静在养育孩子的过程中，发现了自己的孩子和其他孩子的差异，这些差异加重了静静的焦虑情绪。

一般来说，如果妈妈是长期处于焦虑情绪中的，孩子也多半会显示出比较敏感的特质。静静的孩子的确显示出了敏感特质。静静在孩子很小的时候就换照料的阿姨，这对于孩子安全感的建立会有负面影响。安全感建立有问题，也导致了孩子到外面的早教机构遇到陌生人就会哭闹的情况。虽然对于很多小宝宝来说，去早教机构参加一些活动是不错的体验，但是，静静的宝宝比较敏感，这类宝宝还是需要考虑到个体因素，不要过早地去报名早教机构的课程。

越是年龄小的宝宝受到妈妈的影响越大。一个长期处于焦虑中的妈妈，会把情绪传导给宝宝。宝宝虽然不会说话，但是会用其他的方式表现出来，比如哭闹。静静希望宝宝的状态有改变，首先自己要先从焦虑的情绪中走出来。

静静特别想听别人对她说"你太不容易了，你的孩子太难带了"，因为这句话意味着她自己的辛苦付出被其他人看到了，被人家肯定了。她内心渴望自己是一直被关注的。这种渴望，在潜意识里影响了她的一些行为方式——有经验的闺蜜给她的一些建议，她都拒绝尝试。她在潜意识里是享受自己在焦虑状态中的，因为这样其他人会更多地关注她。

另外，静静需要跟自己的丈夫结成"联盟"。公公婆婆带来的压迫感，婆婆对于小家庭缺少边界意识的问题，可以通过丈夫去化解。

建议

作为新手家长，知道有安全感的孩子会有什么样的表现，有助于更好地养育孩子。

0至6个月：婴儿与其主要看护人逐渐发展到依恋关系，主要表现在他会向主要看护人微笑，和主要看护人有目光接触，这种交流从开始的几秒钟发展到几分钟。在这一时期，孩子对父母的脸饶有兴趣，并会发出欢乐的叫声吸引父母的注意，留住父母的关注。

7至9个月：这个时候孩子通常开始认生了。婴儿对陌生人的紧张反映了他们对父母的依恋，正是这种依恋关系使孩子把其他人都视为陌生人。新面孔接近妈妈时，孩子会表现得很难过，靠得很近的时候，孩子甚至会哭起来。没有对主要看护人的强烈依赖,孩子就不会有陌生人的概念。

9至15个月:这个时期大部分孩子会有分离焦虑,这是因为分离让孩子强烈地意识到,他与父母是分开的,他是独立的人。跟认生现象一样,这也证明了孩子对主要看护人强烈的依赖。分离时孩子会有一系列的表现、反应。有些孩子会哭闹不止,拉住父母不放;有些孩子会变得沉默安静自我封闭,要等父母回来才会活跃起来;有的孩子会变得脾气暴躁,有攻击行为。虽然这些表现一时间好像很麻烦,但却证明孩子对主要看护人的依恋关系已经建立起来了。另外,这个时期的孩子开始探索周边,经常会走到他的"舒适地带"边缘,然后回到父母那儿"登记",之后又大胆地去更远的地方。

15至24个月:探索外部世界让孩子更加清楚地意识到自己是独立于妈妈之外的人。这个时候,孩子要平衡两方面的需求,一方面渴望独立探索,另一方面对父母仍有依赖,因此就会出现如影随形和来回窜动两种表现。如影随形是指父母到哪里孩子就跟到哪里。来回窜动是指快速地离开父母又快速地回来。

24至36个月:当孩子有了自我同一性和客体永久性的意识时,亲子依恋关系就完全建立起来了。自我同一性意识是指孩子意识到外部事物是可预知、可获得的。客体永久性意识大部分来自孩子对外部事物的心理映象。自我同一性意识和客体永久性意识共同作用,消除了分离焦虑,也加强了孩子的延迟满足、约束自我的能力。

四、当全职妈妈遭遇孩子在学校打人

专家支持：

　　田凯，中科院心理健康指导师，国家二级心理咨询师，中央国家机关外聘心理专家，多所知名大学心理中心督导师，国际自体（IAPSP）心理学会会员，国际人本心理治疗师（FOT），北京洛伽中心资深心理咨询师、督导师，曾任全球五百强企业战略部负责人。

导言

　　一件校园"霸凌"事件发生后，打人的孩子跟着妈妈进入了心理咨询室。在几次咨询后，心理咨询师评估，这个打人的孩子没什么大问题，主要的问题在于孩子的妈妈，一位离开工作岗位十年之久的全职妈妈。孩子承接着妈妈的状态，好的或者不好的，这是亲子关系中天然存在的关联。当妈妈从糟

四、当全职妈妈遭遇孩子在学校打人

糕的状态中走出来后,孩子也不再是"问题少年"。

案例

> 6岁的豆豆(化名)在学校里和其他同学打架了。这件事情,一时间成了周围同学、家长口中的校园"霸凌"事件,学校和牵涉其中的家庭都备受压力。校方给参与打架的孩子都推荐了心理专家,进行疏导和心理支持。
>
> 通过豆豆的描述,我们大致还原了这个事件。被打的孩子,平时在班里就经常受欺负,班里的不少男生都"欺负"过他。这个孩子有个爱说谎的习惯,明明考试不及格,却告诉爸爸妈妈自己考了一百分;明明跑步成绩一点不出色,却跟人吹嘘自己跑了第一名。这次闹得挺凶的打人事件,参与其中的有好几个孩子,豆豆说,自己之所以会对那个孩子生气,很想打他,是因为自己特别讨厌对方撒谎。
>
> 为何同学撒谎的行为,会让豆豆如此愤怒?
>
> 豆豆在家里是老二,他有一个比他大几岁的哥哥。豆豆的哥哥成绩优秀,经常获得各种荣誉。在旁人看来,豆豆的哥哥就是典型的"别人家的孩子"。可是,豆豆对哥哥非常不满。他说,哥哥很善于伪装,非常腹黑,但凡家里有什么东西弄坏了,或者发生了什么让爸爸妈妈生气的事情,挨骂的几乎都是豆豆,哥哥总有办法顺利脱身,让豆豆背锅。

拯救准妈妈的未来焦虑　走出原生家庭束缚找到自己的角色

作为家里的第二个孩子,没有哥哥那么优秀,但豆豆渴望被"看见",希望获得更多的关注。他用自己的方式表达过,可是,妈妈没有太在意。那个时候,妈妈自己的状态已经很糟糕了。

豆豆的妈妈曾经是一个优秀的外企高管,负责销售工作。在大多数同龄人还拿着几千元的月薪时,她已经拿到两三万元的月薪。怀孕之后,她和丈夫商量后决定辞职在家做起了全职太太。这一做就是十年。两个孩子都上学了,豆豆妈妈自己的状态却越来越糟糕。更糟糕的是,她不愿意跟他人聊"家长里短",内心的情绪得不到宣泄。她感觉远离职场的自己在家里越来越没地位。每天辛苦地做家务、带孩子,却并没有得到丈夫的支持和关爱。丈夫下班后的主要事情就是打游戏。相反地,只要豆豆有点调皮捣蛋的行为,家里每个人似乎都可以对她表达不满,尤其是豆豆和同学打架的事情引起了很大的关注之后,家里人都在责怪豆豆妈妈,认为是她在教育孩子方面出了问题。这让她越发地委屈郁闷。

解析

在这个校园"霸凌"事件中,实际上最需要被关注的是这个妈妈。这位远离职场十年的全职妈妈,面对的是丈夫下班

四、当全职妈妈遭遇孩子在学校打人

后就打游戏、很少分担家务和教育孩子的状况。她在家庭里得不到支持,一个人承受着各种压力。

大儿子出生的时候,这位妈妈还没有太多的焦虑,但第二个孩子到来后,作为全职妈妈的她压力更大了,焦虑也随之而来。老二调皮叛逆,每天都是能量满满,喜欢运动,跟小朋友玩的时候还经常会打闹。其实妈妈内心里很喜欢老二豆豆,她觉得,叛逆的豆豆把她内心里没机会表达出来的很多东西都替她表达出来了。

家庭是一个系统,里面的成员会互相影响。父母的状态会直接影响孩子的状态,如果一个妈妈长时间处在焦虑状态,会被孩子直接感知到,孩子是会通过直觉来感觉父母的。在一个家庭里,最弱势的那一方,一般就是最小的那个孩子,很容易成为一个载体,承接了父母的这种负面情绪。这种时候,孩子往往会不自觉地出现一些攻击行为,以及多动、注意力不集中等情况。豆豆表现出来的各种"问题",根源就在于妈妈长期处于一个极度焦虑的状态。

当妈妈的焦虑问题得到了处理和缓解,恢复到一个健康积极的妈妈的状态,豆豆的"问题"自然就会好了。

📎 建议

1. 打开自己,获得社会系统的支持

豆豆妈妈远离职场,她的社会支持系统比较弱。她自己又不太愿意跟人聊天的时候聊一些"家长里短"。这使得她的情绪缺少了宣泄的出口。用她自己的话说,自己仿佛和这个世界隔着一层金鱼缸,能看得清,但就是摸不着。在咨询师的帮助下,豆豆妈妈尝试着把自己的情绪用语言表达出来。一开始只是在咨询室里,渐渐地也可以和其他的朋友聊。

2. 建立一个自己的"安全岛"

豆豆妈妈在家里给自己布置了一个小小的区域,用屏风隔开。在这个区域里,她布置了自己喜欢的茶几、熏香等。每天,她都可以有那么一段时间一个人待在自己的这个"安全岛",发个呆,喝个茶,闻一闻喜欢的香,看一会喜欢的书,放松一下自己。在这个"安全岛",她可以暂时地从繁杂的家务里走出来,可以暂时不操心孩子调皮,不在意丈夫打游戏,享受自己一个人的怡然自得的时光。

3. 重回职场,获得自我价值感

豆豆妈妈曾经是一个非常优秀的销售,在做了10年全职妈妈之后,她对自己的价值感自信心都跌到了谷底,几乎忘记了自己曾经在职场上表现得那么优秀。两个孩子都已上学,豆豆妈妈意识到自己长期脱离职场和社会后,状态越来越糟糕,她开始重新找工作,准备回到职场。她根据自己的兴趣,选择了一个健康产品的销售工作。那个产品是一套锅具,可以为孩子做出美食。重新回到她曾经做得特别出色的销售领域,她很快就找到了感觉,第一个月的业绩就做到了小组的第二名。这让她重新找回了信心,获得了自我价值感。

五、育儿问题，求助网络还是请教父母

专家支持：

廖丽娟，Aha 幸福学院联合创始人，毕生发展倡导者。

导言

初为人父、初为人母的你，在遇到养育孩子方面的问题时，是愿意到网络上搜寻良方，还是更愿意听家中老人的意见？很多年轻人会选择网络——时过境迁，老爸老妈们当年养育自己的方式，用在自己的孩子身上不一定合适。很多老人质疑——网络上的信息就一定管用吗？

也许这个世界上真的找不到哪种方法是完美的。我想说，能不断适应孩子变化的方法就是好方法。

案例

案例一

田田（化名）出生后，妈妈赵女士坚持每天给宝宝洗澡。赵女士认为，无论什么情况，澡都要每天洗。看着经常因为洗澡被弄得哇哇大哭的田田，奶奶心疼不已："澡哪能天天洗，看把孩子给折腾的！"赵女士说："整天连拉带尿的，太不卫生，还容易得湿疹。人家网上说了，必须天天洗澡。"婆媳俩经常为了洗澡的事拌嘴。赵女士很委屈："我也是为了孩子好，她怎么这么大意见！"奶奶也生气："这媳妇我管不了，越跟她说她越拧着来，怎么回事儿啊？"

案例二

一天下午，两岁半的咪咪（化名）从幼儿园回来后，就吵着要剪刀。妈妈王女士翻出来一把幼儿安全剪刀递给孩子。孩子的奶奶看到后赶紧冲过来夺下了孩子手里的剪刀。咪咪吓了一跳，马上大哭起来。"怎么能给孩子玩剪刀呢？多危险哪！"奶奶冲着王女士大吼起来。王女士口头上答应着："好，不玩了。"但奶奶一走，她又把剪刀递给了孩子。王女士想："网上说玩剪刀开发智力，我看好了就不会有危险。"

五、育儿问题，求助网络还是请教父母

解析

遇到育儿问题不请教父母，而更倾向于求助网络，这样的行为背后的潜台词，是年轻父母们在寻求独立。这些年轻的父母大多都是85后、90后，这一代人靠着自己的努力考大学，大学毕业后自己找工作，然而，当他们准备结婚时，大多数人却不得不依靠父母的支持——帮助付首付买房。寻求独立的他们，有时候内心是充满矛盾的。孩子的出生给这些初为人父、初为人母的年轻人一个机会，让他们证明自己是独立的，是可以控制自己的生活的。对于刚刚为人父母的这批年轻人而言，网络是一个更好的获取信息的平台。网络上的交流是平等的，并且符合他们喜欢短平快地解决问题的思维模式。

值得一提的是，无论是来自老一辈的经验，还是来自同龄人的探讨，抑或是来自网络信息的分析，最终都会在年轻的父母的认知结构里面进行全面的整理和统合，然后根据孩子和家庭的具体情况，整合出一种相对比较合理的方法。这些经过整合的信息，看上去总会和老一辈的经验有所不同，甚至可能是对立的。但很多时候，相对合理、相对理性的方法不就是在这样的整合过程中产生的吗？

除了寻求独立的心理需要，年轻父母在育儿问题上，不愿意请教老一辈，也并不表示他们对老一辈的育儿方式的全面否定。对于年轻人来说，他们自己从小到大的成长过程很大一部分就是父母教育的成果，在这个世界上，没有谁比他们更

了解父母教育方法的具体过程和实际效果。成年以后，经过理性分析，他们其实很了解自己父母那套方法的优势和劣势。这也使得他们在自己初为人母、初为人父养育孩子的时候，很自然地就会取其精华，去其糟粕，不需要再专门地讨教父母。一般来说，年轻父母碰到问题的时候，也是他们用自己已经吸收的方法和理念无法解决问题的时候。这个时候当然需要去寻觅新的途径来解决问题了。

稍微留意一下就会发现，身边那些年轻的父母偶尔会吐槽："当初我父母就是这样教育我的，我不是被教育得蛮好的吗？怎么面对我自己孩子的时候就不行呢？"这些吐槽，最直接地表明了，大多数年轻的父母们已经经历了讨教自己父母的过程，只是那个过程没有仪式化而已。

没有哪个父母可以给孩子完美的教育。在心理学上有一种观点，我们可以比较形象地称之为"切断"。意思是说，当年轻人意识到自身的一些负面特征是来自于父母的教养方式，而这种负面影响可能会迁延到自己教育孩子的时候，他们会用某些方式"切断"这种负面的迁延。这里说的"切断"不是说具体的人与人之间的接触，也不是拒绝让孩子和祖辈接触，这种"切断"更多的是来自年轻父母自身。

一位女士在小时候遭遇了妈妈的抛弃和爸爸的暴力，这导致她在和他人建立关系的时候很困难。后来，她自己做了妈妈，面对自己的女儿时，她发现很难近距离地和女儿躯体接触。在做了心理咨询后，她意识到自己的这种状况主要来自妈妈的抛弃和爸

五、育儿问题，求助网络还是请教父母

爸的暴力。明白了自己的情况是源自儿时的特殊经历后，她再面对女儿时就能意识到，作为妈妈可以给予孩子的积极爱抚是什么。这样其实就"切断"了一种负面的影响。

建议

没有哪个人能直接获得完美的教育方法，我们需要根据孩子的变化和需求不断地调整和完善教育方法。

在4-2-1结构的家庭中，四个老人，一对年轻父母，围着一个孩子转，意见分歧是难免的。当家庭中对孩子的教育发生分歧、矛盾，会对孩子产生怎样的影响？如何处理才是最好的方式？

其实，矛盾本身是没有影响的，关键是成年人应对矛盾的方式。接纳矛盾，然后理性地面对矛盾，对于年轻的父母尤为重要。从心理学角度来看，家庭教育当中一定会存在分歧和矛盾，这样的分歧和矛盾本身很积极，它可以帮助我们看到更多的可能性。当矛盾产生的时候，开诚布公地交流和分享尤为重要。如果信息还不够充分，可以试着向身边的朋友或长辈讨教经验，可以通过网络查询相关信息，或者请教育儿方面的专家，等等。最重要的是，根据孩子的实际情况，统合整理出相对理性的方法。

家长要明白，世界上没有完美的方法，暂时适合孩子的方法就是可以尝试的方法，能不断适应孩子变化的方法就是好方法。爱和方法是底板，在这个底板上，根据孩子的情况不断调整的方法才是最适合孩子的、最积极健康的方法。

六、聪明妈妈懂得搞清"这是谁的问题"

专家支持:

廖丽娟,Aha 幸福学院联合创始人,毕生发展倡导者。

导言

中国有一句老话叫"清官难断家务事"。家务事总是难免掺杂着许多情绪,看着一团乱麻理不清楚。在三代同堂、老人帮着一起带孩子的家庭里,很多妈妈都会遇到这类挑战。应对这样的挑战,需要智慧和方法。

案例

欣琪(化名)是一位单亲妈妈,她的孩子刚上幼儿园小班。平时,欣琪的孩子由外公外婆帮忙一起照顾。她很着

六、聪明妈妈懂得搞清"这是谁的问题"

急地找到心理咨询师,说自己的孩子可能有很严重的问题。欣琪觉得自己的爸爸妈妈有强迫症,她自己有强迫症,现在她觉得儿子也已经有了强迫症。她特别担心自己的儿子有强迫症,担心强迫症会让儿子未来吃很多苦头——因为她自己就吃了很多苦头。

解析

欣琪经常处在一个搞不清楚到底是谁有问题的纠结的状态。她一会儿觉得是儿子的问题,一会儿又怨恨自己的父母,认为是他们有严重的强迫症,导致了她的问题,现在又使得儿子也有了强迫症。

于是,心理咨询师开始帮助欣琪梳理她遇到的问题。每一次,心理咨询师都会先问欣琪:今天,你要解决谁的什么问题?

首先,欣琪要解决的是孩子的强迫症问题。于是,心理咨询师先和欣琪一起分析孩子的情况。

欣琪的儿子4岁多,表现出来的明显特点是胆子偏小。可能因为养育者都属于高控制的类型,使得这个孩子有非常明显的执念——当他要实现一件事情时,他会非常执着地想要实现。因此这个孩子呈现了一个很不一样但是又不是病态的情况。他在幼儿园小班的时候就可以认识很多汉字,不需要刻意地教,他只是跟着大人一起读书就能认字。在这方面他拥有非常独特的天分。因为他很喜欢认字,很喜欢去做一些自己感兴趣的事情,而不是外公外婆和妈妈觉得有趣的事情,所以他的妈妈欣琪就觉得他有问题。实际上,欣琪的儿子并没有真正的行为障碍,他只是表现出了与其他孩子不一样的特质。

搞清楚了自己的儿子没有问题,只是比较特别,欣琪继续跟心理咨询师吐槽自己的父母。她觉得自己爸爸妈妈的教育方式会害了自己的儿子,因为她自己就是"受害者"。

这一次,"解决谁的什么问题",变成了要解决欣琪的父母对外孙的教育问题。

这一对外公外婆是如何去陪伴孩子的呢?他们做事的风格有着一板一眼的特点,同时,对外孙非常爱护,照顾得无微不至。的确,外公外婆在对待外孙的时候,有一些老人的通病,比如,包办很多事情,不知道要给孩子多留一点自主空间,有些时候会"上纲上线"地批评教育——你这样做是不礼貌,你这样做是不爱外公外婆……这些情况,在许多帮着带孙辈的老人身上都存在。外公外婆在孩子的教育上也没有特别严重的问题。

分析了孩子的情况、外公外婆的情况后,发现都没有太大的问题,那么,真正的问题是什么呢?

真正的问题在于欣琪长期以来对自己的父母有许多的不满,甚至是怨念。她小时候身体遭遇过重创,父母那个时候没

六、聪明妈妈懂得搞清"这是谁的问题"

有有效地去抚慰她,导致她在之后的成长过程中遇到了很多困难。因为这个缘故,欣琪对于父母有强烈的怨恨,但是,她又摆脱不了自己的父母,需要他们帮忙照顾自己的孩子。

在理清楚了到底是"谁的问题"之后,欣琪的焦虑有所缓解,在家里,她和自己父母的亲子关系、她和儿子的亲子关系渐渐地顺畅起来。

一次聚焦一个问题,搞清楚解决的是"谁的什么问题",这个方法在处理家庭中的各种纷杂问题时很有用。有时候,夫妻两个吵架了,对待孩子的问题时,就会带着很多情绪。如果能够把孩子的状况单独拆开来看,可能会发现,孩子并没有什么大问题,爸爸或者妈妈对待孩子的方式,可能也没有太大问题,有问题的是爸爸妈妈之间正处于糟糕的情绪状态,带着情绪的目光看周遭的事情,导致没有办法去解决一些该解决的问题。

📎 建议

我们一起来学习"造句"。

第一步先确定:谁的问题?——是宝贝的问题。

第二步再确定:解决什么问题?——不合群。

第三步要思考:怎么办?孩子不合群的问题,作为妈妈,我是能够自己解决,还是需要专业人士帮助?——需要一个解决问题的策略。

再举个例子。

一位妈妈说：看到我父母陪孩子我就很焦虑，觉得哪儿都不对。

这个时候，是解决谁的问题呢？——是解决这个妈妈的问题。

解决这个妈妈的什么问题呢？——是这个妈妈对她的父母的情绪问题。这个妈妈对她自己的父母有很多的情绪：抱怨、担心、不信任。

这个问题从哪里来呢？从这个妈妈过去这么多年里跟她自己父母的相处过程中而来。

那要怎么做呢？

最直接的方法就是去找一个能够陪伴、理解你的同龄人或者心理咨询师倾诉宣泄一下。大多数情况下，找人倾诉之后，情绪就可以宣泄掉了。

顺着这个例子我们再往下探讨。这个妈妈如果对于自己父母的埋怨等情绪并不太大，但的确发现老人在带孩子的时候有些方式不太好，希望他们能够做一些改变。这个时候，问题就变成了：如何去解决老人的教育方式的问题。

通常很多年轻父母会用的方法就是指出老人的错误："你这样做不对。"然后老人很不认同："我不就是这样把你带大的吗？怎么就不对了？"

不妨尝试另一种方式：你示范，让老人感受到效果的不同。这时，你再去告诉老人："妈，你发现了吗？当我这样跟孩子沟通的时候，孩子可能更愿意听，对吧？"这种情况下，老人

六、聪明妈妈懂得搞清"这是谁的问题"

会很容易接受你的方法。

现在,我们做一个小结。

当家里乱成一锅粥时,面对复杂的家庭关系,我们的核心就是搞清楚:解决谁的什么问题,以及如何解决。

每一次聚焦在一个问题上,理清思路。多半情况下,一旦知道了是谁的什么问题,事情就差不多解决了。

TIPS

亲子游戏:你的感觉我能懂

这是一个全家一起玩的游戏。游戏的玩法是一群人围成一圈,然后按照逆时针的顺序,去猜你身边这个人是什么感受、什么情绪。

我们需要准备一些空白的卡片纸。参加游戏的成员要在卡片上画表情,每张卡片上画一个表情,每个人至少画4张不同表情的卡片,比如喜悦、愤怒、悲伤、害怕等情绪。

游戏的规则是,有一个人先抽卡片,看一下卡片上所画的表情。接着,用这个表情所代表的情绪,讲一个身边家庭成员的故事。这个故事要满足三个条件:一是这个故事必须是你和旁边家庭成员共同经历过的事情;二是故事必须包括时间和地点;三是在两个人的共同经历中,必须要包括卡片上的情绪,以及对方体验到这种情绪的原因。当故事讲完后,被讲述的家庭成员需要做出反馈,并予以确认。

举个例子:假设小朋友需要讲坐在右边的妈妈的故事。小朋友选了一张卡片,卡片上是"生气"。这个时候,小朋友就需要看着妈妈的眼睛对妈妈说:"我记得有一次爸爸喝酒喝多了,他在家里大喊大叫,把我从睡梦中吵醒了,妈妈为此非常生气。"等小朋友说完之后,坐在右边的妈妈需要进行反馈。假如妈妈真的很生气,就要说"你说对了,我真的很生气"。那假如没有很生气呢,妈妈就要说"不是哦,其实我没有生气,妈妈对爸爸最体谅了"。

接下来,就换妈妈猜她右边的人,逻辑就是先猜右边的人的情绪,然后说出理由,说完了之后,被说到的当事人就去做确认的动作,看他觉得妈妈说对了还是说错了。

通过这种讲他人感受的故事,让孩子学会在特定的场景中进入他人的"现象场",去感受他人的情绪,体验他人与自己之间的情感流动。实际上,孩子在很多时候能够敏锐感受到父母等主要抚养者的情绪与情感,只是孩子的语言功能还有待发育,孩子表达不出来,甚至有的时候,孩子的情感体验会被大脑直接屏蔽,体验不到他人真实的感受。

六、聪明妈妈懂得搞清"这是谁的问题"

当你多次跟孩子玩这个很简单的游戏后,你的孩子就会变得越来越留意周围的人正在经历什么、感受什么。而这个能力,正是孩子以后在社会上跟人相处时的非常重要的能力。

第三篇

动态平衡家庭关系

一、补偿心理让二胎妈妈用力过度

专家支持：

樊滴云，获得 EAP 管理专业人士国际认证，国家二级心理咨询师，正面管教家长培训师，获得 NOVA 国际危机干预认证。

导言

作为妈妈，你是不是很希望自己的孩子长大后能够成为一个独立自主的人？答案当然是肯定的。那么，我们应该从孩子多大的时候开始培养孩子的自主性呢？下面我们一起来探讨一下。

实际上，孩子在一岁左右甚至更小的时候，自主性就开始萌芽了。有些看似不听话的行为，其实是孩子在表达自主意识。

拯救准妈妈的未来焦虑　走出原生家庭束缚找到自己的角色

案例

　　瑞华（化名）是一个二胎妈妈，大宝已经10岁。瑞华的二宝是意外怀上的，到医院做了检查后，医生说，胎儿很健康，瑞华就决定要生下二宝。

　　生第一个孩子的时候，瑞华连母乳都没怎么喂就把孩子交给了外公外婆，以至于瑞华说，那段记忆仿佛消失了一样。

　　生二宝后，她完全不知道该怎么照顾一个新生宝宝。"别人认为我是二胎妈妈，应该什么都会，可是，我什么都不懂，很慌乱。"她这样告诉身边的朋友。二宝的到来，让瑞华获得了重新做一次妈妈的机会，她决定这一次要自己带娃，把以前错过的事情都重新做一遍。

　　瑞华夫妻俩都是企业的高管，家庭经济条件非常好。他们家里有三个做家政服务的阿姨，一个负责照料宝宝的育儿嫂，一个负责打扫卫生的阿姨，还有一个专门负责做饭的阿姨。

　　生下二宝后，瑞华的母乳很充沛，乳头条件也很好，没有很多妈妈会遇到的乳腺肿胀、乳腺炎或者咬合不良的问题。她的宝宝在吃母乳这件事情上非常幸福，妈妈愿意亲喂，宝宝吃得很开心，会用很多非吮吸性动作来表达自己的开心。妈妈亲喂的过程中，宝宝是可以控制母乳的流速的,在这个过程中,瑞华的宝宝累积了很多自主经验,也就是吃奶这事儿我做主,这个经验让宝宝很开心,很享受妈妈的母乳。

到了要加辅食的时候,瑞华遇到了麻烦。她的宝宝突然变得"不乖"了。因为小家伙忽然发现,在吃这个事情上不能自己做主了。于是宝宝就用各种肢体语言表达意见,各种不配合,给妈妈颜色看。

瑞华高薪聘请了一个育儿嫂,这个育儿嫂经验丰富,在自己的工作范畴非常有主见,一家人在育儿上都要听这个育儿嫂的。育儿嫂开出昂贵的菜单让瑞华去进口超市采购,几十块一斤的进口苹果,最好的和牛牛肉……给宝宝搭配出营养合理的辅食,要宝宝定时定点定量地吃。

按照瑞华和育儿嫂的规划,宝宝六个月左右开始吃辅食,七八个月的时候应该可以吃烂面条烂粥,之后就要开始吃米饭等。可是,宝宝一点也不喜欢在吃饭这个事情上被"安排",他坚持只吃很稀的糊糊。七八个月大的时候,当育儿嫂给他的辅食里有番茄的时候,只要吃到番茄籽,宝宝就会干呕,会把那个籽吐出来。吃饭的时候宝宝总是在椅子上扭来扭去,就是不配合。

在吃饭这个事情上闹各种别扭的宝宝,有一次给了瑞华惊喜。在宝宝一岁多的时候,有一次瑞华带着宝宝出去玩,在外面吃饭时,她看到自己的宝宝居然跟另外一个差不多大的小朋友互相喂饭。她马上用手机拍下了整个过程，特别开心地跟要好的朋友们分享。瑞华感叹说："小家伙居然是可以这样吃饭的，他之前都是骗我的。原来这些食物他都可以咀嚼、吞咽，他也可以自己拿勺子精准地把食物放到嘴里！他自己吃饭是没有问题的！"

贰 解析

瑞华作为二胎妈妈，有很多二胎妈妈共有的一个特点，那就是补偿心理。很多家庭在养育大宝的时候，各方面条件不是那么好，夫妻可能都处在努力打拼的职业阶段，没有太多的精力花在孩子的养育上。等到生二宝的时候，好多方面的条件都比之前好了很多，各种有关育儿的书看得也比较多了，知道了亲子关系里陪伴的重要性，知道了孩子各个阶段需要达到哪些发展指标，等等。社交媒体上完美妈妈的形象深入人心，二胎妈妈很容易就能找到自己参照学习的"榜样"，于是就会想着二宝给了自己一个机会，做个完美的妈妈，有这样想法的妈妈，很容易就用力过猛了。

瑞华在孩子吃辅食的问题上，就表现出比较明显的焦虑和用力过猛。宝宝成长过程中会经历很多变化，而度过变化就是成长。饮食变化可能是最大的变化之一：从母乳到奶粉，从纯母乳到添加辅食，再到断奶，宝宝都需要时间适应。而每

一、补偿心理让二胎妈妈用力过度

一个宝宝的适应能力不同,个体差异会很大。从母乳向辅食过渡,对宝宝的生理——咀嚼功能、消化系统,以及心理——吃饭的愉快感,都是一个挑战,这是一个自然的过程,只是有些孩子适应快,有些孩子适应慢,甚至出现拒绝。这都是很正常的。

如果按照一些书籍或者视频教程上介绍的方法给孩子定时定量地准备食物,孩子吃不完或者不爱吃,妈妈就焦虑得不行,就会进入一个恶性循环。哪天孩子没有吃完妈妈定的"指标",妈妈就开始焦虑:孩子吃不好,就会影响长身体,孩子身体长不好,就会影响健康,孩子不够健康,我就不是一个称职的好妈妈……而孩子呢,越是被妈妈强迫,就越是会抵触,他就会觉得越来越难吃……

妈妈可以让自己放轻松一点,不要盯着孩子每一顿吃了多少。孩子可能今天就是胃口不太好吃得少一点,明天胃口好就会多吃一点。把宝宝的饮食放到一段时间里看,整体达到平衡就可以了。

瑞华的宝宝在外面遇到同龄小朋友,开心地跟对方互相喂饭,这让瑞华惊喜得下巴都要掉下来了。其实她的宝宝早就掌握了吃饭的技能,只是他喜欢自己做主。在那个场景下,他和其他小朋友互动得很开心,他拥有自主权,当然就能把能力都发挥出来了。

另外,瑞华还经常会因为宝宝的一些行为发脾气。瑞华家的房子很大,摆放了很多植物,她的这个宝宝会爬了之后喜欢在屋子里到处爬,还会声东击西地去逗妈妈。当瑞华告诉宝宝,不可以把养在花盆里的植物的叶子往嘴里塞时,小家伙就会专门"做坏事"。他会当着妈妈的面朝着一个方向爬,妈妈一转身,他就爬到另外的方向,摘下一片妈妈不让吃的叶子往嘴里塞,再当着妈妈的面嚼两口吐出来,然后冲着妈妈笑,一副"你拿我没办法"的样子。每次遇到这种情形,瑞华就忍不住地发脾气。这种时候,其实妈妈越关注,越会强化宝宝的这个行为。让他自己玩一会,不要给予过多关注,宝宝很快就会去找其他的乐子了。

建议

1. 鼓励宝宝自主吃饭

瑞华的宝宝在吃饭这个事情上很有自己的想法,这很棒。对于这类宝宝,妈妈可以让宝宝自主吃饭,想办法增加宝宝吃饭的乐趣性,比如,要吃饭了,如果宝宝非要自己吃,这时候可以帮他把手洗干净,允许他直接用手抓着吃。对宝宝来说,抓着吃的过程就是个运动,就是个游戏,很好玩。自主吃饭不但能让宝宝有成就感,还可以锻炼孩子的精细动作、抓握能力。

2. 给孩子一个安全空间,让他自由活动

孩子会爬之后,就会开始探索"世界"。妈妈要做的是,给孩子一个安全的空间——把家具的尖锐的角都包好,把电源插座都隐藏好,把有毒性的植物搬走……然后,让孩子自由探索,不要像追光灯一样时刻追着孩子的行踪。孩子有时候会做一些"犯规"的事情来吸引妈妈的注意力,妈妈越紧张,孩子越会那么做。如果妈妈不予理会,孩子就会继续其他的"探索"。

3. 妈妈要合理分配精力,兼顾不同角色

瑞华家里的大宝已经 10 岁,是个小大人了,再过两年就会进入青春期。这个年龄的孩子,对于妈妈生下小弟弟,基本上能够有理性的认知,知道妈妈需要在这个阶段多一点精力照顾小弟弟。瑞华其实可以鼓励大宝多和弟弟一起玩耍,这样也可以培养大宝的责任心。有些生二宝的家庭,大宝年龄不大,尤其是还没有到上学年龄的大宝,妈妈需要合理分配精力,不要让大宝产生二宝抢走了妈妈的爱和关注的感受。妈妈要明白,你是两个人的妈妈,不是一个人的妈妈,不要把大宝小时候没有得到的"东西"全部放到二宝身上,这点很重要。同时,二胎妈妈也要明白,在家庭里,你不只是妈妈,还是妻子,你不能够因为二宝的到来,就忽视了自己的丈夫。

二、生二宝谁说了算

专家支持：

汪昌学，精神科副主任医师，精神分析和人本主义取向咨询师。

导言

计划生育二胎政策放开之后，很多曾经因为政策限制无法要二胎的中年夫妻开始规划生二胎。不少父母想生二胎的出发点都是担心一个孩子太过孤单，再生一个，彼此有个伴，等将来自己老了，孩子能有个兄弟姐妹可以相互扶持，遇到事也有个可以商量的人。但是，很多父母没有想到的是，生二胎这件事，竟然会遭遇到家中大宝的强烈反对。有些妈妈在遇到大宝反对自己生二胎时走进了心理咨询室寻求专业的帮助。

二、生二宝谁说了算

案例

案例一

爱芬(化名)是一名护士,她的丈夫是一名军人。夫妻俩结婚多年,女儿已经到了上高中的年纪。国家放开二胎政策后,她和丈夫计划再生一个孩子。没想到,这个想法遭到了女儿的强烈反对。女儿认为,爸爸妈妈的爱和家里的财产本来都是我的,为什么要生一个弟弟或妹妹来跟我抢这些?女儿对爱芬说:"如果你们一定要生二胎,我就绝食,就离家出走。"

在爱芬家里,丈夫是家庭的经济支柱,也是一家之主。女儿从小备受宠爱,是全家人的掌上明珠,性格要强。爱芬是最弱势的一个,遇到事情不是听丈夫的,就是听女儿的,很少有她自己做主的时候。女儿对于父母要生二宝的强烈反对情绪,让爱芬非常焦虑。

案例二

肖女士是一个全职太太,家里经济条件比较好。国家的二胎生育政策放开之后,她怀上了二胎。没想到,家里却因为肖女士怀上二宝起了"风暴"。正在读初中的女儿雯雯(化名)对于妈妈要再生一个宝宝的事情非常生气。雯雯经常在家里发脾气、乱扔东西,还威胁父母要离家出走、不参加中考,甚至还威胁父母要自杀。

拯救准妈妈的未来焦虑　走出原生家庭束缚找到自己的角色

> 肖女士本以为女儿只是口头说说，威胁一下大人，没想到，她在整理女儿房间的时候发现了刀片。观察到女儿手臂上有几条清晰的刀痕之后，肖女士和丈夫意识到了问题的严重性。夫妻俩与雯雯谈心，但女儿态度强硬，一直坚持只要父母生二胎，她就自杀。经过反复考虑，肖女士在丈夫陪同下到医院做了终止妊娠的手术。（资料来源：媒体新闻）

贰 解析

家庭中每个人都有自己的位置和自己应该做的事情，父母做父母应该做的事情，孩子做孩子应该做的事情。如果父母没有履行自己应该做的事情，孩子就可能会取代父母的位置，家庭的结构就会被打乱。

在上面的第一个案例中就存在家庭权力结构被打乱的情况。作为妈妈的爱芬，处于一个非常弱势的地位，尚未成年的女儿有掌控家庭的想法，认为父母生二胎必须得到她的同意，否则她就要闹。这是不合理的。

夫妻俩计划要生二宝，这个事情的决策者是夫妻双方，并不是家中的大宝。爸爸妈妈只要告知孩子他们的这个决定即可。如果大宝有一些情绪，有一些想法，爸爸妈妈可以和她做深入的沟通，让孩子把自己的想法说出来，然后帮助孩子处理情绪。比如,有的家庭中,大宝会担心妈妈生二宝之后,会忽视自己,爸爸妈妈对自己的爱会被分走;也有的大宝会觉得妈妈再生一个二宝,自己在学校里会被同学笑话……父母要聆听孩子的想法,接纳孩子的情绪,让孩子知道,爸爸妈妈不会因为再生一个孩子就忽视了大宝,减少了对大宝的爱。同时,爸爸妈妈也要用温和而坚定的态度让孩子知道,生二宝这个事情,是爸爸妈妈做决定的事情。

爱芬和女儿的亲子互动模式中,女儿对于妈妈生二宝的计划强烈反对,并且女儿的这个态度让妈妈陷入了很大的焦虑。从这一点上能反映出,在家庭中,爱芬和女儿的亲子关系界线是不清晰的。

在心理咨询室里,心理咨询师问爱芬:假如女儿坚决不同意,那你生还是不生?女儿现在是高中生了,她可能会有一些自己的想法,假如她现在只有三四岁,她也表示反对生二宝,这个状态下,你要不要听她的意见呢?平时在家里当女儿向你们提出反对意见的时候,作为父母你们一般是怎么处理的?

这一连串的问题,让爱芬陷入了沉思。她忽然意识到:在家里,自己才是那个最没权力的人,任何事情都是既要看丈夫的脸色,又要看女儿的脸色。

爱芬在家庭中处于弱势地位而不自知,这和她自己的原生家庭有关。她自己的原生家庭是一个重男轻女的家庭。爱芬的父母非常溺爱儿子,也就是爱芬的弟弟。但是,爱芬的弟弟特别不成器,不好好工作,成天瞎混,还赌博,没钱了就向父母、姐姐伸手。爱芬经常要接济自己的弟弟。人到中年，爱芬忽然意识到，自己之前的三四十年里一直都没有真正属于自己的空间，也没有想过自己可以主动去做一些什么，去改变这个状态。

📎 建议

家庭中每个人都有自己的权利和边界。亲子互动中，父母和孩子之间的边界也要清晰。比如，在爱芬的家庭中，女儿的权利就过大了。比较恰当的方式是，父母告诉女儿，爸爸妈妈做了一个决定，打算再生一个孩子。如果你对这个事情有自己的想法或者情绪，可以和爸爸妈妈交流。

二宝的到来，对于爱芬的大女儿来说，是一个成长的机会。过去她仿佛是全家的中心，可以获得所有人的宠爱，但当家里有了第二个孩子，她会发现，原来并不是所有的要求家里人都会满足我，我的某些愿望也是会落空的。她可能会有一点挫折感，会感觉到一下子失宠了，爸爸妈妈以及其他亲戚长辈的注意力都转移到二宝身上了。但是，适当的挫折是可以帮助人成长的。适当的挫折可以让女儿慢慢认识到，哪些事情是自己权利范围内的，哪些是爸爸妈妈的权利。同时，这些变化也会促使她发展自己的能力。

TIPS

恰好的挫折

"恰好的挫折"是自体心理学里一个重要的概念。每一个孩子刚生下来的时候,都处于一种全能自恋状态,觉得我是全能的,我是理所当然接受别人照顾抚养的,你们都应该围着我转。这种全能自恋感是怎么慢慢被打破的呢,就是要靠恰好的挫折来慢慢打破。

比如,当一个刚出生的婴儿感到饿了的时候,马上妈妈的乳头就送到了婴儿的嘴边,婴儿可以尽情吮吸乳汁。当婴儿尿尿了,会有照料者帮他换掉尿湿的纸尿裤。在这个状态中,小婴儿会觉得自己想要什么就会有什么。如果一个孩子一直都是处于这种"想要什么就马上能得到满足"的状态,他就不会去发展自己的能力。反正什么事情都有爸爸妈妈能够帮我搞定,我为什么要自己去努力呢?

"恰好的挫折"会打破这种状态。

有一天,小婴儿觉得饿了,但是,并没有奶喂到他的口中。他需要用哭声来提醒照顾他的人,我饿了。可能,他还需要东张西望地寻找奶瓶。在这个过程中,一方面,他要忍受这种挫折感,努力发展自己的能力——想办法让自己喝到奶。另一方面,他开始知道,原来并不是自己想要什么就可以马上获得什么。

但这种挫折也不能太过厉害。如果一个小婴儿哭了一个小时依然没有人理会他,没有人给他喂奶,他就会陷入绝望中,觉得没有人爱我,这个世界都是坏的。这会带来创伤。

"恰好的挫折",可以让孩子发现,自己需要做一些努力,才能获得自己想要的。在这个过程中,孩子愿意慢慢探索这个世界,愿意慢慢认识这个世界,愿意慢慢发展自身的能力。

三、父母吵架后请当着孩子的面重归于好

专家支持：

吴国源，国家二级心理咨询师。

导言

再恩爱的夫妻也难免会遇到矛盾，有时还会发生激烈的争吵。一般的争吵并不会给孩子带来很大的问题，但是过于频繁过于激烈、涉及人身攻击或者产生了家庭暴力的争吵，难免会给孩子带来负面的影响——除了让孩子恐惧之外，还可能潜移默化中让孩子学会了这种不健康的处理人际关系的模式。为人父母的你，准备好在孩子面前做个好榜样了吗？

拯救准妈妈的未来焦虑　　走出原生家庭束缚找到自己的角色

案例

因为和丈夫吵架呕气，阿娟（化名）把孩子和装有衣物的包裹丢弃在了15楼的楼道旁。在楼下做保洁工作的沈大妈听见楼上有孩子的哭声，顺着楼层往上查看，发现了被阿娟丢弃的女婴，马上报了警。通过问询民警得知，小两口因琐事起了争执，有些重男轻女的丈夫说了些难听的话，妻子一时冲动把刚刚出生40天的孩子丢弃在楼道内。（资料来源：媒体新闻）

解析

争吵是一种激烈的情绪反应。大人这种激烈的情绪，在孩子眼里会有怎样的解读，恐怕是很多父母没有认真考虑过的。孩子的观察点和大人完全不一样。打个比方，我们去逛街看到的是橱窗里的摆设、五光十色的街景，而同样的场景里，孩子看到的只是密密麻麻的腿和鞋子而已。大人的激烈情绪，比较容易让孩子产生恐惧、紧张、悲伤、无助等负面情绪。大多孩子都会以哭来表达自己的这种恐惧，有时候也会有其他的表现形式。曾经有过这样的一个案例——夫妻两个当着孩子的面吵架，受惊的孩子吓得大哭，小便失禁了。几年之后，孩子都已经上学了，但是只要一紧张、恐惧还是会小便

三、父母吵架后请当着孩子的面重归于好

失禁。

对于年幼的孩子来说，他们很难理解父母吵架的真正原因。孩子们大多会认为自己是引起父母吵架的根源，特别是夫妻之间闹矛盾把孩子当出气筒的时候。这会造成孩子的黑色记忆和黑色自我认知。孩子会觉得"我是个没人要的孩子，我不听话，都是我的错"。有些孩子拼命努力读书，希望父母能喜欢自己，减少争吵。他们把父母的不和归咎到自己身上，结果一生都很自卑，遇到问题时，还容易采取自杀等极端手段。一般来说，6岁以后的孩子才能对父母吵架的问题有更多的理解和思考，到青春期以后，会完全意识到自己是独立个体。

孩提时代是学习模仿能力非常强的阶段。父母往往是孩子首先学习模仿的对象。父母经常当着孩子的面激烈争吵，会让孩子看到父母之间在采用攻击性行为解决亲密关系的问题和矛盾。当他发现爸爸或妈妈采用责骂、摔东西甚至暴力来解决问题，居然使另一方闭嘴了或是胜利了，那么孩子就很容易学会这些不好的处理方法，并且认为吵架、谩骂、暴力都是解决人际问题的办法，这些方法会被孩子用到自己的社交中——在幼儿园或者学校里面，用这样的方式处理和同学的关系。

更糟糕的是，在当着孩子的面争吵时，夫妻一方采用自我虐待的方式，如撞墙、自杀等，这样的行为产生的负面影响会更严重。中国农村女性自杀率很高，就是因为不少女性在和

丈夫吵架后，喝农药证明自己的清白，或是以此证明自己是正确的。这实际上是通过自我伤害来惩罚别人。这样极端的方式如果被孩子学会，那么等孩子长大后，在处理恋爱、婚姻等亲密关系时，一哭二闹三上吊就是常事了。

另一种比较常见的情况是，父母在发生争吵时把孩子当筹码，让孩子参与其中。"如果我和你妈离婚了，你跟谁？""你说，你喜欢你那个骗子爸爸，还是喜欢妈妈？"……有的妈妈一吵架，就带着孩子回娘家，对孩子抱怨丈夫的不好。

这些对孩子来说都是撕裂性的伤痛，不管夫妻是否因为争吵而分开，对孩子来说他的爸爸、妈妈，任何一个他都不愿失去。这种把孩子当作筹码卷入争吵的情况，会对孩子的情绪、行为以及性格有重大的影响。

与这类激烈争吵甚至把孩子卷入争吵的夫妻相反，有些夫妻不吵架，打冷战，冷漠处理。这种冷漠的家庭气氛对孩子的杀伤力更大。孩子都是非常敏感的，父母之间不说话，孩子其实是恐惧的。有些孩子会通过不停地闯祸来引起关注和关爱。还有的孩子会通过生病、受伤来让父母一起关注自己。

建议

如果已经当着孩子的面大吵了一架，那该如何补救呢？最好的办法是当着孩子的面和好。夫妻吵架后，要明确地在孩子面前和好，并告诉孩子，吵架的事情过去了，爸爸妈妈和好了，爸爸妈妈都爱你。也可以鼓励孩子把当时的感受说出

三、父母吵架后请当着孩子的面重归于好

来,给孩子拥抱、抚摸,或者陪伴孩子。也可以采用孩子的方式,比如拉钩、抱一抱等方式来表示双方和好了。

作为父母,在孩子的成长阶段,细心观察也是非常重要的。在亲子关系里,父母是孩子学习的榜样,孩子则是父母的镜子。你是什么样的,孩子就会学成什么样的。为人父母要注意在日常生活中,或者孩子和其他小伙伴在一起时,有没有模仿父母吵架的情形。如果有这样的情况发生,那父母们要更有意识地在孩子面前展现出正确的处理矛盾的方式。

TIPS
亲子游戏:我的感受我做主

首先,这个游戏需要全家一起来玩,人越多越好玩。当然了,既然要一起玩这个游戏,大家务必要端正态度,尤其是有些爸爸,不要觉得孩子的游戏很幼稚,这实际上是爸爸们在逃避体验自己与家人情感的行为。遇到这样的情况,妈妈还是要多鼓励爸爸积极参与,当然还可以请爷爷奶奶或者外公外婆一起参与,这样,爸爸"迫于压力"也会乖乖来参加的。

接下来,需要做一些准备工作。我们需要准备一些A4纸,然后把这些A4纸裁剪成扑克牌大小的卡片。接着,参加游戏的成员要在卡片上画表情,每张卡片上画一个表情,每个人至少画4张不同表情的

卡片,比如喜悦、愤怒、悲伤、害怕等情绪。画成什么表情都可以,只要大家能看明白就行。大家最好能画得不一样。然后把这些情绪卡片放在桌子上,再"洗一下牌"。

游戏规则很简单:参与游戏的每名成员,需要抽一张卡片,看看卡片上画的是什么表情,猜一猜这是在表达什么情绪。接着,把卡片亮出来,让其他成员看见。然后,模仿卡片上所画的表情,越像越好。模仿后,其他成员要评价模仿得像不像,如果大家都觉得像,就可以进行下一步了,如果大家觉得不像,那就得继续模仿。

模仿完之后,这名成员需要讲一个故事,这个故事要满足三个条件:一是这个故事必须是让当事人难忘的亲身经历;二是故事必须包括时间和地点;三是对于自己所讲的亲身经历中,必须要包括自己刚才所模仿的情绪以及自己体验到这个情绪的原因。当故事讲完后,其他成员需要向讲述人至少提一个跟故事细节有关的问题。

通过这样非常简单的游戏,孩子会认识到同样的情绪可能会有许多种表达方式,相同的情绪背后可能会有不同的原因,孩子能够进入到情绪当时的"现象场",去体验在那个场景下自己是怎样的感受,并且能够将自己的感受用简短的故事表达出来,与家人分享自己的感受。

四、看见彼此，重启"家庭叙事脚本"

专家支持：

廖凌，国家三级心理咨询师，儿童游戏治疗师，果核心理发起人，嘉兴心理卫生协会理事，嘉兴心理学会副秘书长。

导言

很多妈妈会因为孩子的调皮捣蛋焦虑，会因为孩子的爸爸工作忙没空管孩子生气，会因为工作与家庭的双重压力感到孤立无援……这些妈妈有没有想过，也许这里面一直存在着一些误解。是时候坐下来让彼此更清楚地看见对方，看见亲子关系里更多的美好了。

拯救准妈妈的未来焦虑　走出原生家庭束缚找到自己的角色

案例

敏敏(化名)出生在一个军人家庭,爸爸是一个比较强势的人。在敏敏的原生家庭中,爸爸就是权威的象征。她从小就习惯了服从爸爸、服从权威。

如今敏敏已经是两个孩子的妈妈。大儿子小江(化名)从小由老人帮着照顾。在幼儿园的时候,小江是个聪明活泼的孩子,老师们都很喜欢他。

进入小学之后,小江出现了很多行为问题,比如,在上课时破坏课堂秩序,下课之后带着其他同学一起调皮捣蛋。他还在班级里对其他同学说:"不做作业最好了,中午老师叫我去办公室做作业,还能吹空调呢。"小江的老师对小江很不满,多次找敏敏谈话,说小江可能有多动症,建议她带孩子去医院看一下。

在老师的建议之下,敏敏带着儿子去了医院。医生经过检查后给小江开了药。敏敏却舍不得让孩子吃药,经常自己一个人默默流泪。

解析

敏敏自己的原生家庭是一个强势的军人家庭,"超我"的部分在敏敏身上体现得比较"重",这使得她在遇到权威的时

四、看见彼此，重启"家庭叙事脚本"

候，就会选择服从。当儿子小江的老师严厉批评小江时，敏敏甚至都不敢当着老师的面替自己的儿子辩护几句，因为在那一刻，老师就代表了权威。但敏敏对儿子浓郁的爱，又使得她无法在内心里完全接受老师对儿子的批评，并且像医生要求的那样让儿子吃药。这就使得她内心产生了巨大的冲突和焦虑。

由于敏敏小时候和自己爸爸之间的亲子关系没有那么亲近，敏敏对于自己丈夫与儿子之间的亲子关系有着很深的误解。敏敏丈夫一直在忙着做生意，出差比较多。儿子很小的时候，大多是妈妈照顾，于是，敏敏就认为，丈夫不怎么愿意管孩子。她还认为，小江看到爸爸是很害怕的，因为爸爸非常生气的时候就会拿一个棍子放在那儿，对小江说，再不听话我要揍你。

在心理咨询师的工作室，心理咨询师发现，小江是一个能量很强的孩子，在游戏室里，他可以模拟各种状态，一口气玩上四五十分钟。在心理咨询师鼓励之下，小江的游戏越来越有主题，越来越有想象力，而且能够看到一些规则逐步通过游戏浮现出来。

小江和爸爸的亲子关系，并不是敏敏描述的那样，爸爸不怎么关心孩子。爸爸很爱这个大儿子，每一次做咨询，他都陪着妻子和儿子一起来。他和小江之间的互动也很好。当被问及是不是经常会因为小江不听话就要生气揍他时，爸爸说："不就是有一回调皮捣蛋打了屁股吗，也就那一回呀。"原来，

拯救准妈妈的未来焦虑　走出原生家庭束缚找到自己的角色

那是小江刚刚上小学的时候，小江的调皮捣蛋搞得妈妈极度焦虑。爸爸出差回到家，一推开门看到的就是母子大战，一问之下，妈妈说是儿子在学校犯错了。眼看着妻子镇不住儿子，爸爸只能做"恶人"。

敏敏的丈夫出生在一个支持性的家庭。在他们家庭中，谁遇到什么困难，家里的七大姑八大姨都会来帮忙。在丈夫的认知里，给家庭成员提供支持，是理所当然的事情。当他了解到妻子在处理儿子调皮捣蛋的问题上遇到了很大的困难后，这位爸爸决定减少出差，把更多的时间留给家庭，承担起陪伴和教育儿子的任务。之后，这位爸爸几乎把50%的时间都用在了和儿子的互动上。父子俩一起进行体育运动，一起做各种事情。孩子的表现也有了改善，在学校里不再是一个天天惹事的捣蛋大王了。

丈夫会迅速地调整工作，减少去外地出差，花时间来教育、陪伴儿子，这是敏敏之前完全没有想到的。儿子很喜欢和爸爸在一起做各种事情，并不觉得爸爸是很凶的，让人害怕的，这也是敏敏没想到的。

我们可以看出，敏敏对丈夫和儿子的亲子关系有很深的误会。这种误会，主要源自敏敏自己背后的原生家庭，她按照自己和爸爸的关系来看待儿子和丈夫之间的亲子关系。

📎 **建议**

夫妻之间要看清楚彼此在亲子关系里面的一些特质和能

力。如果妈妈看不清父子之间到底是怎么回事,爸爸看不清母子之间到底是怎么回事,他们就很难达成一个和谐的系统,只能带着自己的理解或者说想象去摸索,很可能会走向一个艰难的状态。

怎样能够"看清楚"彼此呢?

首先要向你的伴侣澄清你自己。比如说一个事情发生了,你可以跟你的伴侣澄清你自己当下是什么样的感受,你为什么会这样来对待孩子,或者说当我看到孩子某个反应的时候,我内心深处会生出什么样的情绪。主动地去做一个澄清,胜过让对方来解读你。或者说,也胜过你去解读你的另一半。因为你们彼此解读对方的时候,是带着自己的一些固有的认知,有可能会造成误解。对方会觉得,我根本不是你说的那样。

有的人会回避自己的一些东西,还有的人会觉得说不出来,我就是难受。这种情况下,也可以直接说,我就是觉得难受。因为你只有把自己的东西呈现出来,你的伴侣才有机会来帮助你,否则你一直都处在一个防御或者伪装的状态下,另一半也就无法搞清楚到底是怎么回事儿。

举个例子。有一位女士,工作中是那种乙方的角色,时间安排上要跟着甲方调整,所以时间方面会有一些不可控,经常需要加班。每次出门前,她的孩子都会站在门口问:"妈妈你几点回来呀?"这位女士就说不出来具体时间。因为她怕说了几点回来之后又失约,所以就会跟孩子说,反正今天晚上会回来的。这种时候，她的丈夫就会暴跳如雷。

有一回，这位女士就问自己的丈夫，你为什么会为了这个事情那么生气？丈夫回答，因为自己小时候曾经也有这么一个画面，他在那儿问妈妈什么时候回来，妈妈总是很晚回来，然后他的奶奶就会辱骂他。所以，童年的时候，他特别希望自己的妈妈可以给自己一个明确的回答，这样自己就不会被奶奶辱骂。

这位女士听完丈夫的解释之后，再遇到孩子问她什么时间回来时，就回答说，我今天可能会在下午四点到六点之间回来。自从这位女士用这样的方式回答孩子几点回家后，丈夫就再也没有生气过。

澄清以后的第二步就是要做一个分工。

在处理亲子关系的时候，我们可以把分工落到一个具体的事情上。打个比方，妈妈跟爸爸澄清，自己周末要加班，能不能周末由爸爸带着孩子去乐园玩。妈妈可以提前给他们准备好带出去吃的水果、点心。

在敏敏的案例中，敏敏跟她的丈夫彼此做了澄清，搞清楚了两个人对儿子的问题的看法之后，做了分工。爸爸调整了自己的时间安排，承担了更多教育、陪伴儿子的任务。敏敏更多地承担了陪伴小女儿的任务，同时，她也有了一些时间放松自己。整个家庭的"脚本"，有了不同的叙事走向。

五、构建"家庭联盟",挖掘每个人的育儿潜能

专家支持:

廖丽娟,Aha 幸福学院联合创始人,毕生发展倡导者。

导言

孩子出生后,养育照顾孩子的工作,常常会有家中老人参与。聪明的妈妈会懂得合理安排好大家庭里每个人的分工,形成一个"家庭联盟",每个人的时间、每个人的特长都被挖掘出来,全家人的智慧都汇聚到孩子身上,成为一个新生命成长的"肥料"。

案例

> 霓可(化名)是一位 90 后妈妈,结婚生子后,她把孩子交给了外公外婆和爷爷奶奶照顾,她和丈夫依然过着和以

拯救准妈妈的未来焦虑 走出原生家庭束缚找到自己的角色

前没孩子时候一样的逍遥日子,每周一、三、五下了班出去跟朋友吃饭社交,每周二、四、六自己参加外面的课程学习,给自己充电。回到家,孩子已经由老人照顾得妥妥贴贴,上床睡觉了,不用小夫妻两个操心。

这样逍遥的日子一直过了4年。孩子4岁多的时候,外公生病了,外婆需要照顾外公。于是,两位老人就从帮着霓可照顾孩子的队伍中撤离了。又过了一阵子,家族里有其他的亲戚生了娃,爷爷奶奶需要去帮着照顾新生的宝宝,他们也从帮助霓可照顾孩子的队伍里撤离了。

短短的几个月里,霓可和丈夫忽然没有了所有的帮手,面对4岁多的孩子,夫妻俩一脸懵圈,不知道该如何是好——过去的这4年里,小夫妻两个几乎就没操心过孩子的事情,也没跟着老人学习过如何照顾孩子的吃喝拉撒。

当外公外婆和爷爷奶奶陆续在几个月里从自己的生活中远离,不能再像过去那样天天见到的时候,孩子也产生了严重的分离焦虑,变得非常没有安全感,一直哭闹,身体健康也出现了问题,总是生病。

叁 解析

这对年轻的夫妻在生了孩子之后比较多地依赖家中老人照顾孩子,没有学习如何照料孩子,也没有足够多的时间和孩

五、构建"家庭联盟",挖掘每个人的育儿潜能

子单独相处,这就使得老人们从照顾孩子的日常工作中撤出后,小夫妻俩不知如何照顾孩子,孩子也无法适应自己熟悉的照顾者都不见了。

现在的城市生活中,许多年轻妈妈在生下孩子休完产假后都要回到职场,因此往往都会有家里的老人来帮忙一起照顾孩子。这个时候,就要有意识地在长辈开始介入照顾孩子的初期建立"家庭联盟"。建立一个"家庭联盟"的意思就是,在照顾孩子这件事情上,不要只是去依靠某一个人,而是每一个家庭成员都既能独立带孩子,又能够互相合作,这对一个家庭系统是非常重要的。

首先,"家庭联盟"在时间分配上要做好规划。

年轻的爸爸妈妈要安排好自己的时间。在平时的工作日,可以考虑白天工作的时候把孩子交给老人照顾,晚上下班后,就由年轻夫妻自己带。这样,无论白天是去爷爷奶奶家,还是去外公外婆家,孩子晚上都有稳定的陪伴者——爸爸妈妈。一般来说,爸爸妈妈总是可以在很多年里一直陪伴孩子成长的,不会突然"消失"在孩子的生活里。

如果爸爸妈妈的工作很忙,并且经常出差,晚上没办法固定陪伴孩子入睡,可以试着一周中的某一天或者某两天由父母单独带,这样就形成了一种谁都可以单独跟孩子相处又可以互补的状态。

这种方式就是从时间的分配上构建一个精密的"联盟",每个家庭成员都能够有单独跟孩子相处的机会,都能够在单

独照顾孩子的时间里,把照顾孩子吃喝拉撒睡的基本技能全部都学习到。

对于孩子来说,这样的分工,使得孩子跟每一个家庭成员都能够单独相处,和谁在一起孩子都有足够的安全感,因为他知道,你们都是陪着我长大的,中途如果有哪个成员因为健康等原因暂时撤出,孩子也不会产生严重的分离焦虑。同时,在这个过程中,孩子又能够学习跟不同的人相处,从个性培养的角度来说,孩子个性的弹性就会比较大。

其次,"家庭联盟"要做好分工。

合理分配了"家庭联盟"的时间之后,我们需要对每个成员的能力、特长做深度挖掘,然后设计一下每个人的分工。全家人可以在一起开个家庭会议讨论一下各自的分工。在这个部分,需要注意的是,要让每个人承担的具体分工都跟孩子有情感连接。比如,爸爸可能陪着孩子玩的时间比较多,但是,不能让爸爸只是单纯地陪玩。如果爸爸只是陪玩,那他这个角色承担的责任就太轻了,他就没有机会去深入地跟孩子建立关系。所以,在有一些事情上应该由不同的家庭成员轮流执行。

比如,爷爷烧了一手好菜,平时爷爷主要负责做饭做菜,给孩子做各种美食,但依然要让爷爷每周都有一个时间是带着孩子出去玩耍的。那么,爷爷在"家庭联盟"中的分工,除了做好吃的,还有和孩子一起玩耍,他就会建立起和这个孩子的情感连接。

家庭中每个人擅长的地方不一样,每个人的工作时间不

五、构建"家庭联盟",挖掘每个人的育儿潜能

一样,每个人的喜好也不太一样。精确的分工——外公主要负责干什么,外婆主要负责干什么,妈妈主要负责干什么,爸爸主要负责干什么……每一个人都要分到一块跟孩子进行情感连接的任务。不要让某一个成员成为了"工具人"。

第三,在与孩子进行情感交流的事情上,每个家庭成员都需要有单独的机会。

讲故事,是孩子童年时期家人与孩子之间最重要的交流方式之一。这件事情一定要让每个家庭成员都有机会去做。不能只有某一个人给孩子讲故事,孩子需要听到用不同的方式讲故事。

同一本书不同的人来讲效果是不一样的。比如,有的家庭中,妈妈每天都给孩子讲故事,每次讲故事都讲得抑扬顿挫,非常细,甚至有点太过于细枝末节。有的爸爸讲故事的方式是这样的——这个故事主要讲了三个部分,第一部分是什么,第二部分是什么,第三部分是什么,这种叫结构化思维。孩子会知道,原来还可以这么讲故事。

在很多家庭中,爸爸工作非常忙,妈妈觉得爸爸总有各种应酬、加班、出差,孩子的事情你就不要管了。这种安排就会让爸爸没有机会跟孩子进行深入交流,爸爸就成了一个工具型的人物,不是一个情感型的人物,进入不了孩子的心理世界,这对孩子而言是很遗憾的。

有很多老人在照顾孩子吃喝起居的时候没问题,但是有些老人不太会玩游戏,不太会讲绘本,还有的老人有点担心自

己讲方言对孩子将来学习普通话有影响,就会减少跟孩子的交流。其实,对于孩子来说,情感交流可以很多样。老人有老人的经验、知识。有的老人会刺绣,有的老人会折纸,还有的老人因为过去务农,认识非常多的植物,还会看云识天气,这些对于孩子来说都是很有意思的交流。至于老人的方言,对于孩子来说也是一种学习。

建议

家庭联盟如何建立?一般来说是由家里那个首先对这个事情有认知的人来推动,先知者先行。

具体的方法如下。

第一,要根据每个家庭成员可以陪伴孩子的时间、每个家庭成员的能力所及做一些适当的分工。

第二,要从每个人身上挖掘他们跟孩子相处的独特资源,鼓励他把这个独特的资源利用起来。通过一些精确的分工去充分挖掘对孩子教育的资源,让家庭中的每一个成员都爱上这件事。

通过"家庭联盟"的分工合作,每个家庭成员都会发现,自己有一个谁都不能替代的空间,在这个空间里,自己可以跟孩子有很好的沟通和交流。这会让他更愿意投入到这件事情中,并且投入情感和智慧。这样的状态下,每个参与进来的家庭成员都不会是一个"工具人"。这样一来,全家的智慧都会被挖掘出来,给到孩子丰富的滋养。

第四篇

成为独立抚养者

一、当你成为一名独立抚养者

专家支持：

樊漓云，获得 EAP 管理专业人士国际认证，国家二级心理咨询师，正面管教家长培训师，获得 NOVA 国际危机干预认证。

廖丽娟，Aha 幸福学院联合创始人，毕生发展倡导者。

导言

任何形式的家庭都有自己的优势也都有需要克服的困难，如何把家庭关系营造好，形成良好的亲子关系，并帮助孩子积极成长，是家长们要认真对待的功课。离婚率逐年攀升，很多人成为了独立抚养者，只有妈妈或者只有爸爸的家庭里，如何保持家庭中重要角色和功能的不失衡？我们一起来看下面的案例。

拯救准妈妈的未来焦虑　走出原生家庭束缚找到自己的角色

案例

单人单骑,历时94天,穿越25个国家,南京的单亲妈妈李春辉,选择用摩旅的方式到荷兰和英国探望两个女儿。

李春辉说,离婚之后,为了抚育两个双胞胎女儿,她奉献了自己的前半生。现如今,女儿们都已长大成人,她觉得,后半生就应该为自己而活。从小就有机车情节的李春辉,在人到中年的时候,打算去追逐自己年轻时未尽的梦想。既然选择了上路,便只顾风雨兼程。一路上,李春辉遇到了不少艰辛:险些被遣返回国,落单,甚至是追尾车祸……

面对困境,李春辉并没有选择放弃,而是积极寻求解决方案,最终如期来到了女儿们的面前。

其实,李春辉大可以选择更加便捷的交通方式去探望两个女儿,为何偏要"自讨苦吃"呢?

对此,李春辉表示,自己所做的一切,和女儿遭遇不顺有关。原来,李春辉的两个女儿在考取音乐学院的时候,遇到了太多挫折,曾几度想要放弃。为了给孩子们做好榜样,也为了帮助女儿克服畏难情绪,李春辉便踏上了漫漫摩旅路。她要用实际行动告诉孩子,只要你想做,你就一定能做到!

一、当你成为一名独立抚养者

> 这趟成功的摩旅,不但给予了李春辉成就感,也给予了女儿们莫大的信心。在妈妈的鼓舞之下,女儿们收拾好心情,重新上路。现如今,两人已被心仪的音乐学院顺利录取。(资料来源:媒体新闻)

贰 解析

很多夫妻离异后,妈妈会成为单独抚养孩子的一方。很多人都会想到,这样的家庭缺少了爸爸,孩子成长会缺失很多来自爸爸的特质。

爸爸角色是不是缺失,要分三个层次来看。第一个层次是从生物学上来讲,他有基因传递下去,所以他成为爸爸。这个层次上的爸爸,就是指爸爸本尊。

第二个层次是爸爸角色是否缺失。有些单亲家庭,爸爸不在身边,妈妈一个人抚养孩子,在孩子的成长过程当中,妈妈很好地实现了部分的爸爸角色的功能,或者家里有一个年长的男性,比如说外公或者舅舅,承担了一部分爸爸角色的功能。

第三个层次是从功能性的角度来讲。如果前两者都缺失,家庭中既没有爸爸这个人,也缺少承担爸爸角色的人,但是孩子在成长过程中有个榜样,这个榜样可能是他尊敬的一个老师,或者是他崇拜的某一个熟悉的人,那么,功能性这个部分也可以有一定的满足。

如果以上三方面都具备，我们会说，孩子的成长环境是比较好的，从遗传到整个社会化的过程当中，爸爸比较完整地起到了各个层次的作用。如果当中有任何一个部分缺失，并不是一定会造成严重的问题，而是要看其他条件是否可以弥补或者平衡。

一个普通的家庭里，爸爸和妈妈会有不同的分工。从生物遗传角度来讲，女性在生活当中，更多是一个照顾者、关系维护者，显得比较柔一些，更有弹性，处事灵活。男性主要是对外的，聚焦在解决问题上，所以表现出很多竞争性。在进化的过程中，男性的大脑对风险的评估会有意识或者无意识地降低风险评估等级。他对风险不那么敏感，才更加敢于冲出去竞争。而同样的事情，女性对风险的评估会比男性高。比如，一件事情，男性评估风险系数是0.8，女性可能会评估为1.2，基于不同的风险评估，男性和女性的应对方式就会不一样。女性会采取被动的、保护性的防御措施，而男性就愿意去冒险，去战斗。

人们有时候会用"又当爹又当妈"来形容独自抚养孩子的辛苦，但按照心理学家荣格的观点，每个人都是雌雄一体的。比如，某个特别的时刻，或者遇到特别事件的时候，妈妈需要男性这个功能时，它就会显露出来。

当一个单亲家庭中只有妈妈和孩子，有时候，妈妈身上雄性的那个部分就会被激发出来，表现得比较刚硬，敢于竞争和冒风险，一定程度上替代了爸爸的角色。

案例中的这位妈妈李春辉，身上有非常难得的"雌雄同体"的气质，并且很有自己的界线。知道人生不同阶段的不同角色。该作为妈妈时，做个好妈妈，该像爸爸一样时，就提供身体力行的意志力榜样。该退出成年孩子生活时，就做出自己的规划并付诸实践——活出自己的精彩。这样的人格魅力在让孩子受益时，也让她自己的人生熠熠发光。

家庭的养育环境中，性别是一个影响因素，但不决定所有的事情。有些养育环境男性气质高一点，有些养育环境女性气质高一点。作为养育者，我们要注重的是整个环境当中男性气质和女性气质的平衡。这个部分并不一定是物理性存在的，完全是可以有替补的。

当一个家庭中，妈妈单独抚养孩子，爸爸的功能是缺失的，这种失衡，容易让孩子变得比较懦弱，不敢去尝试，比较阴柔。但是，同样是妈妈单独抚养孩子，如果所处的环境是部队大院，孩子周边的环境都是阳刚的，那么对于孩子来说，男性气质的部分就有了替补。

离婚率逐年攀升，我们身边独立抚养者越来越多——相对于单亲妈妈的提法，我们更愿意使用独立抚养者这个提法。当我们面临一个任务、一个选择的时候，不要单纯从性别角度出发去做决定，不要用性别来替自己做决定，要从个人的发展、个人的意愿角度思考：作为一个个体来看，我是否能实现这么一个功能，然后再来做决定。

建议

独力抚养者与孩子组成的家庭，一样可以幸福快乐。

（1）给孩子机会，管理自己的学业，自己来解决碰到的困难。让孩子有机会自主地安排时间，享受一个人在家的时光。无须跟其他家庭比较好坏，无须特别化，无论怎样的家庭都需要良好的亲子关系和家庭氛围，孩子的优秀成长，不是取决于是单亲还是双亲，而是取决于整个家庭能否一起努力，寻找到积极正向的部分解决出现的困难。

（2）不敢让孩子知道父母离婚了？其实可以告诉孩子：这个社会有各种各样的家庭，有的是爸爸妈妈和孩子生活在一起，有的是爸爸单独和孩子一起生活，有的是妈妈单独和孩子一起生活，还有的是爷爷奶奶和孩子一起生活。我们的家庭就是妈妈（或爸爸）和女儿（或儿子）一起生活。家庭中的人应该是相爱的，但现在爸爸和妈妈不再相爱了，所以，我们不生活在一起了。

（3）离异后的双方都需要经营多样的关系。孩子需要和另外一方建立正常的亲子关系和接触。需要有机会见到各种优秀的男性、优秀的女性，这样孩子的性别教育、人格熏陶就会有更多优秀的模板。独力抚养者尽量不要让自己的生活只有亲子关系，还要有异性的朋友和同性的朋友。

二、当离婚发生在孩子高考之后

专家支持：

李滢，国家二级心理咨询师。

导言

感情已经破裂，婚姻已经名存实亡，可是，为了不影响孩子的学习，夫妻俩还要假装和睦。于是，高考成了婚姻的分水岭，一个辛苦维持的"和睦"婚姻在高考结束后突然土崩瓦解。高考成了青春记忆里的痛，一个已经成年但远未真正成熟的年轻人，在崭新的人生起跑线上，突然要面对父母离异的变故。这一切，究竟是怎样发生的？

案例

冯女士的婚姻早已经名存实亡，但是为了女儿的高考，她一直隐忍，连吵架都必须背着孩子。"最开始，我一想起这事就觉得气闷、心悸，特别想摔东西骂人。后来也想开了，前半生，我是为了丈夫和孩子活着，后半辈子我得为自己的幸福活着。"高考结束后，冯女士和丈夫认真起草了一份离婚协议并签了字，第二天就去民政局办了手续。当天晚上，全家人在饭店聚餐，冯女士终于向女儿道出了实情。

冯女士说："女儿开始以为我们在开玩笑，后来就掉眼泪了。"冯女士和丈夫抱歉地看着女儿。"哭了一会儿，孩子跟我们说，能够理解我们的选择，希望大家以后还能经常聚会。"女儿的成熟懂事让两个大人愧疚。"我和她爸爸都表示，她永远是我们的女儿。"

解析

在中国文化里，父母的身份自古以来都是与牺牲的社会角色定位相联系，父母为孩子做任何事情，似乎都是理所当然的，许多父母也认同这一角色定位——既然生下了孩子就要为他负责。这种传统文化加在父母身上的社会压力，使得他们在做出离婚决定的时候，会首先考虑：离婚这件事可能给孩

二、当离婚发生在孩子高考之后

子带来什么负面影响？要怎样做才能把这个影响减到最小？

在这里，我们会发现一个值得深思的点，那就是为什么是高考之后？从这种现象中，我们可以发现，表面上父母们是被孩子所束缚，可事实上，他们是被文化所束缚——把追求自己的幸福放在了孩子的需要之后。说得具体一些就是东方文化下的父母们活得很辛苦。他们的牺牲精神，与其说是为了孩子，还不如说是为了减轻自己的心理压力。他们并没有认真考虑孩子真正需要的是什么，考虑更多的是对父母的角色有所交代。

明明感情已经破裂，婚姻已经到了解体的边缘，却还要装得跟没事人一样，和睦地在同一屋檐下生活，只是为了给孩子看，这一切良苦用心真的就能掩盖家庭危机吗？答案似乎并没有那么乐观。

真正和睦的家庭，气氛是轻松的，看得到互相关心、顺畅交流，即使发生分歧，也会积极应对。而假装和睦忍着不吵架的父母，无法营造出这样和谐的家庭氛围。家庭关系不和睦，作为家庭中的一员，孩子是可以感受到的。孩子一旦意识到父母是为了自己的考试而在强装、强忍，他们会觉得内疚，会觉得自己生活在一个虚伪的空间里，压力很大。这样的结果是逼着孩子当鸵鸟，明知道父母感情不和但还要装作不知道。所以一家人都在装。

有心理咨询师在咨询中遇到过比较极端的个案。在那个个案中，孩子知道父母为了他而不离婚，所以就"得病了"。为了达到不让父母离婚的目的，他虽然已经被一所重点大学录取了，但却一直生病长期休学在家，很长时间里他的"病"始终没有好转，甚至越来越严重。这个个案中，孩子在潜意识里为了能把父母"绑"在一起，甚至愿意牺牲自己的未来。而父母的感情虽然已经很不好，但看在"生病的孩子"面上，他们一直都没有离婚。

在许多夫妻关系不和的家庭中，孩子意识到父母关系不好，但是，并没有想到父母已经在考虑离婚的事情，更不会想到，父母会在自己高考结束后离婚。突然到来的离婚消息，可能会让孩子觉得自己被深深地欺骗了。尤其是有的父母关系不和睦很久了，为了不影响孩子高考，假装和睦，造成一个夫妻关系似乎有了好转的假象。这种假象会让孩子对父母关系不和这件事情产生新的期待。可是，这种期待等来的却是一个意外的结果——父母离婚了。这对于孩子来说，伤害会更大。

选择在孩子高考之后离婚的父母并不是没有考虑宣布这个消息会给孩子带来怎样的感受，只是，他们往往会有这样一个观念——孩子高考结束要读大学了，是大人了，懂事了，能理解父母的决定，也会照顾好自己，所以，他们会挑在这样的时刻把"真相"公布出来。可是，一个孩子在高考前还被父母当作小孩子，难道高考一结束就会一夜之间长大成人了吗？何况，考验他的还是这样一个残酷的事实！这种突如其来的消息，可能会让孩子感觉自己被抛弃了——爸爸妈妈甚至没有给他时间做准备,没有给他时间学习照顾自己。

建议

高考结束了,考分和分数线也陆续公布了,与此同时,不少婚姻走到尽头的夫妻终于将离婚摆到了桌面上。如果离婚的结果已无法避免,那么要怎样在家庭解体时尽量减少对家庭成员——特别是对突然听闻这个消息的孩子的伤害?

虽然高中毕业的孩子已经年满 18 岁,是成年人了,可是,孩子的心理承受能力,并不会随着高考的结束明显增加。做出分手决定的父母,要认真地和孩子做一次长谈,在这个谈话中,有两个重要的信息是父母要告诉孩子的。首先,要让孩子了解,父母的婚姻关系虽然结束了,但是他们和孩子之间的亲子关系依然和从前一样,孩子可以得到来自爸爸和妈妈完整的爱。其次,父母要告诉孩子,不管将来是否会各自建立另外的家庭,作为父母,对孩子的责任和支持依然在,在未来的人生路上,那些重要的时刻,父母依然会和过去一样给他支持。

三、离婚后你还在告诉孩子爸爸只是出差了吗

专家支持:

廖丽娟,Aha 幸福学院联合创始人,毕生发展倡导者。

导言

不断攀升的离婚率制造了越来越多的单亲家庭。当孩子渐渐长大,有关爸爸在国外工作或者在出差之类的善意谎言已无法骗过他们,单亲妈妈们陷入焦虑和迷茫。让孩子知道实情真的会给孩子带来伤害吗?没有爸爸的家庭中,亲子关系要如何平衡?

案例

"这里有单身妈妈吗?幼儿园的老师要求带一张全家

三、离婚后你还在告诉孩子爸爸只是出差了吗

福去学校,你们是怎么做的?"这是网名为"相爱已经幻灭"的王女士在论坛里提出的问题。几十位跟帖者给出了截然不同的建议。有网友表示,应该要求孩子爸爸再来拍一张全家福,还有网友提出,可以花钱雇一个成年男子来拍张照片,或在电脑上做一张假的"全家福"。

记者注意到,不少跟帖者本身也是单亲爸爸或单亲妈妈。如有网友留言称:"所谓全家福,并不是有爸爸妈妈才是全家福。"

另一位单亲妈妈则用亲身经历支招:"建议你和老师直说,我相信大多数老师都是可以理解的,这样也方便她们能更好地照顾小孩子。你的态度,小孩子也是看在眼里的,所以,充满自信地生活吧!"(资料来源:媒体新闻)

贰 解析

在单亲妈妈和孩子组成的家庭里,爸爸这个角色的缺失,很容易让妈妈这个角色变得更强大,单亲妈妈要在短时间内掌握更多育儿技巧。很多单亲妈妈都很强,因为她们必须强。

在这样的亲子关系里,孩子很容易和妈妈特别亲密。而对于妈妈来说,常常容易混淆了亲密关系和亲子关系。亲密关系的范围比较大,亲子关系只是其中的一种。单亲妈妈会

在无意识中让孩子代替自己的亲密伴侣。

在当下的中国社会,单亲妈妈养育孩子的压力比普通家庭养育孩子的压力更大。压力可能来自经济、社会等各方面。幼儿园老师提出要全家福照片,就让上面案例中那位王女士感到了迷茫和压力。

虽然上面案例中发帖求助的王女士在全家福的问题上感受到了压力,但是,在其他单亲妈妈给她的回帖中,我们也看到了充满自信的单亲妈妈。事实上,现代生活的家庭模式具有多样性,单亲是其中的一种模式,但不一定是弱势的模式。心理学家、社会学家把家庭分为所谓完整家庭和单亲家庭,其实是为了研究的需要。但是对于每一个家庭而言,从心理学层面分析,都是独一无二的。

有位单亲妈妈在孩子懂事之前就和丈夫离婚了,当孩子问起爸爸的时候,家里人为了不伤害孩子,就告诉孩子说,爸爸去国外了,要很长时间才能回来。但是,慢慢地孩子开始不满足于此,他开始知道了手机,知道了网络,隐隐知道大人们在欺骗他,于是他开始拿着手机让妈妈拨给爸爸。他甚至还会对妈妈说:"我们可以在网上和爸爸视频。"

这样的情形,不少单亲家庭都不会陌生,这其中最大的问题是:我们对很多人坦诚,却对这个世界上最单纯的心灵撒谎。面对孩子,最重要的是坦诚的态度和明确的信息。比如用委婉和尽量客观的话语告诉孩子所有的事实。最客观的事实是:爸爸妈妈当初因相爱而结婚,现在感觉不相爱了,觉得

三、离婚后你还在告诉孩子爸爸只是出差了吗

分开生活会更好一些,所以就离婚了。其实孩子对于世界的看法,没有那么多约定俗成,孩子并不会天生认为需要生活在什么家庭模式中。孩子最在乎的是模式之下的爱。

当然,不仅对孩子要有坦诚相待的态度,对身边其他的人也要如此,家长的这种坦诚、轻松和释怀也会感染到孩子,让他们觉得这是自然而然的事情。

有的单亲妈妈,会事无巨细地和刚刚十几岁的孩子商量,会抱着孩子哭,抱着孩子笑。她让孩子帮着自己从各种压力中缓解过来。这一切导致孩子更重的压力,还有强烈的无力感。一棵幼小的树苗,当然要经历风雨,但是不能一下子就经历巨大的暴风雨。

单亲妈妈需要有更大的胸怀在孩子的后面协助孩子去经营各种关系,尤其是如何经营孩子与爸爸的关系,与爷爷奶奶的关系等。这些关系对孩子很重要。尽量不要站在自身的角度来影响孩子如何看待自己的爸爸。让孩子去经历与爸爸接触的喜怒哀乐,对于孩子来说很重要。

有些单亲妈妈会带着成年女性的角度来向自己的女儿剖析已经离婚的丈夫,比如这男人如何不好,你将来一定不要嫁这样的男人,等等。这会让女孩陷入纠结,她小小的世界里面分不开爸爸和普通男子的角色,通常这是混在一起的,只有当她们经历了爱情之后,她们才开始真的去拆分开来。这是人类的心理发展规律。

拯救准妈妈的未来焦虑　走出原生家庭束缚找到自己的角色

建议

如何在孩子的成长过程中保护好孩子，尽量不让孩子受伤害？几乎是每个单亲妈妈都关心的问题。按照家庭系统的观点，孩子的人格形成是家庭系统互动的结果之一，无论是完整家庭还是单亲家庭，都没有所谓完美的家庭互动的系统，所以没有完美的家庭，没有完美的人格。人生最精彩的地方可能就是它的独一无二，它的无法重来的不完美的精彩。

每一个家庭都会给孩子带来伤害和呵护，无论是伤害还是呵护，都是孩子成长的财富。单亲妈妈们要明白的是，不要试图做到完美。无论发生什么事情，无论你用了什么方式来教育孩子，都请告诉孩子，这次是针对这件事情。当然，还要记得告诉孩子，妈妈永远爱你。

经历过两次婚姻、独立抚养女儿成长的齐豫曾经微笑着说："我是一个单亲妈妈，没错，可是对于孩子来说，最重要的是，妈妈是快乐的。"齐豫的成功在于她从没有放弃过自己的事业和追求，同时也陪伴着女儿健康成长。

第五篇

应对产后抑郁

一、同伴教育有助于新手妈妈完成角色转换

专家支持：

朱嵘，执业医师，国家二级心理咨询师。

导言

孕育新生命对于女人来说，是个应激事件，体内激素的变化会引起生理、心理的巨大变化。英国对于9 000名产妇的研究表明，她们在怀孕期的抑郁程度会显著升高，在怀孕第32周左右时，抑郁分数达到顶峰。有近五分之一的孕妇曾受到抑郁情绪困扰，焦虑症状则更甚。如何在心理上做好为人母的准备，挣脱对父母、对他人的依赖，走出"产前焦虑产后抑郁"的怪圈，成为合格的妈妈，是90后女性面对的重要人生课题。

拯救准妈妈的未来焦虑　　走出原生家庭束缚找到自己的角色

案例

独生子女们已成为生育的主力军。一人产检、五人（丈夫以及双方父母）陪护的场景，经常在各大医院上演。在跨过了工作坎和结婚坎后，享受着丰裕物质待遇长大的独生女们，在孕育问题上又遭遇了新的困惑：产前焦虑产后抑郁、过于依赖网络知识以及擅长动口不擅长动手等问题，都成了阻碍他们成为好父母的"硬伤"。无法面对产后臃肿的身材，无法接受家庭重心转移所带来的失落感，以及无法调节孩子降生后所引发的家庭矛盾，这些都成了新手妈妈产后抑郁的原由。

解析

90后、95后独生女已经成为新手妈妈的主力军，可是，她们却在怀孕之初就遇到了麻烦。产前焦虑的情况困扰着许多独生女新手妈妈。每个孕妇的焦虑表现可能不同，归结起来主要有以下几方面。

产前焦虑症状一：睡眠不好。

睡眠差，是很多孕妇都会遇到的麻烦。夜里睡不着、睡不深，夜尿频繁——怀孕时，子宫压迫膀胱，原本就比较容易让膀胱的容量减小，而越睡不深越容易醒，就越容易想上洗手间。

于是，很多孕妇怀孕期间每天的尿量并没有增加，但夜间上洗手间的次数却多了。睡眠差还会导致多梦，孕妇又往往对梦的内容特别在意。有这样一个案例，一位准妈妈因为梦到丈夫有外遇，在梦中哭醒，之后就认定丈夫一定瞒着她在外面有女人。在她长期不依不饶甚至不可理喻的焦虑情绪的影响下，原本忠于家庭的丈夫，真的开始在外面寻求新的感情了。

产前焦虑症状二：特殊嗜好是身体的自我保护。

产前焦虑可能会导致某些孕妇表现出一些特殊嗜好，比如吃某种食物、购物。有些孕妇会对自己生理上、生活习惯上的变化很在意，她们会担心这些从前没有的习惯会影响到自己和胎儿的健康。怀孕期间，雌性激素和孕激素水平非常高，在这样的状况下，准妈妈会变得特别细腻、敏感，哪怕是从前性格大大咧咧的女性，到了这样的时候也会变得细心敏感了，显得特别小女人。从生物学的角度看，这是好事——妈妈细心有利于胎儿的安全。

孕妇表现出的一些嗜好，实际上是人体自我调节焦虑情绪的方式——在做这些的时候，焦虑情绪会得到一定程度的缓解，因此，准妈妈们不必对自己孕期内的嗜好太焦虑。有准妈妈在怀孕6个月的时候，已经在购买婴儿用品方面花掉了16万。不断购物，是她缓解焦虑的方式。这位准妈妈的方式看上去不够理性，但换个角度看，如果她的经济状况能够承受，而这种行为也没有带来害处，那对于这位准妈妈而言，也不失为一种调节的方式。

产前焦虑症状三:情感脆弱无法独处。

产前焦虑还会使孕妇变得情感脆弱,依赖性很重。她可能总是想黏着自己的丈夫,或者要有人陪伴,无法忍受独处。必须一个人待着的时候,就会不停地打电话,或者用微信等和亲人、朋友保持联系。只有这样她才会觉得有安全感。

产前焦虑症状四:担忧生育风险。

对于生育前景的担忧,也是很多年轻的准妈妈们焦虑的问题。生育本身就是有风险的。作为独生女,独立面对风险时抗风险能力不足。假如家里有兄弟姐妹,准妈妈就比较容易有一个参照,这可以在很大程度上缓解焦虑。已经进入生育高峰的90后、95后们大多没有兄弟姐妹。她们对同龄人的信息会特别在意,网络就成了获取这些信息的重要渠道。网络信息对年轻的准妈妈们的影响总是格外大,但网络信息良莠不齐,有不少甚至是自相矛盾的。很多年轻的准妈妈总是特别相信网络,但妇产科医生一般都对这些网络信息很不屑,因此,还会经常发生准妈妈和医生闹矛盾的情况。

产前焦虑症状五:担心与职场脱节。

来自职场的压力也成为困扰90后、95后准妈妈们的问题。从孕期到哺乳期,前后加起来要有两年左右的时间,那么长时间脱离竞争激烈的职业环境,会让90后、95后的准妈妈们对未来非常担忧,不知道自己是否还能跟得上社会的节奏。而产后身材走样,似乎也成了她们回归职场前的一大烦恼。

除了产前焦虑,产后抑郁也困挠着90后、95后的新手妈

一、同伴教育有助于新手妈妈完成角色转换

妈们。怀孕时，雌性激素和孕激素水平高，导致了情绪的过度敏感；生完孩子后，妈妈们则要面对激素水平急速下降带来的情绪问题。这种激素水平下降对情绪的影响和更年期综合征有点相似。产后的这种生理变化，容易导致抑郁倾向，但并不是每个人都会有产后抑郁症。

90后、95后新手妈妈们遭遇产后抑郁的主要原因有以下几点。第一，育儿技能不足，产生无助感。第二，产后生理上不适，如母乳量不够、乳腺导管不通等，对产妇情绪造成负面影响。第三，休息不好，特别是连续性的睡眠得不到保证，容易引起抑郁。第四，新生儿长得不够理想，也会让没有经验的新妈妈陷入担忧自责的情绪。另外，孩子出生后，全家人的关注重心忽然由产妇转向新生儿，也会使产妇情绪失落。

建议

作为独生女，90后、95后妈妈们从小到大的成长过程中，父母包办了很多事情。当孙辈诞生，不少爷爷奶奶外公外婆依然想要为新手妈妈包办一切，这其实并不合适。作为独生女，"断奶"本来就有点晚，长辈在这时候一定不要再继续包办，做个参谋就好。

90后、95后妈妈们大都受到了良好的教育，有着较强的学习能力，要想战胜照顾宝宝时的无助感，最重要的就是利用一切机会学习育儿技能。女性的生育能力是与生俱来的，但要做个好妈妈则是需要后天学习的。

拯救准妈妈的未来焦虑　走出原生家庭束缚找到自己的角色

对于新手妈妈的养成,同伴教育是一种理想的方式。在晋级为妈妈的过程中,90后、95后新手妈妈们可以多和同龄、同期怀孕的孕妇交流,以一种互助式的方式学习。这种经验是与自己贴得最近的。此外,也可以向一些"过来人"请教她们怀孕、育儿的经验。这些交流既可以帮助新手妈妈获取知识,也可以缓解焦虑、抑郁等情绪。

TIPS
提高情绪像素有助情绪控制

每个人对待客观事物的态度的一种反映,就是我们所谓的情绪。每一个人对于情绪的感受能力、体验能力会很不一样。

有心理学家设计了一个克服恐惧情绪的实验,专门找了一些特别怕蜘蛛的人,通过实验来验证,用什么方式能够帮助他们消除对蜘蛛的恐惧情绪。

心理学家们用了三种方法。

第一种方法,认知重评法。这是一种标准的心理学疗法,就是让你用轻松、积极的方式去描述蜘蛛。比如,"它那么小,对我是安全的呀""我又不招惹它,它也不会攻击我的呀""它很可爱呀,有人还把它当宠物养呢"。

第二种方法,转移注意力法。就是让人不去想蜘蛛,转而去想象一些令人放松的画面,比如蓝天、白云、夕阳、大海。让身体放松下来,对蜘蛛的恐惧感就会减少了。

第三种方法,精准分类描述法。就是让实验者尽可能精准地描述蜘蛛。比如,"它的外形很丑,有点让人恶心""它的嘴很突出,看上去很吓人""它的肚子圆圆的,看起来有点可爱啊",等等,尽可能清晰精确地描述蜘蛛。

实验结果是,第三种方法效果最好。学会用各种各样的词去精细描述蜘蛛特征的人,他的焦虑感会明显地减轻,对蜘蛛的恐惧能明显得到缓解。也就是说,尽可能把情绪概念化,学会用语言精准地描述一种情绪状态的时候,你的情绪状态就得到控制了。

为什么会这样呢?

情绪主要是来自于下丘脑的神经反应,而语言是大脑前额叶和顶叶的功能。下丘脑的情绪传到了前额叶,大脑皮层对情绪进行了分析理解,它就可以对其进行有效调节和影响,进而就会影响到下丘脑的神经兴奋的状态。

换句话说,大脑前额叶是管语言的,下丘脑是管情绪的。你一旦用语言精细化地描述了这个情绪，你就实现了对情绪的控制。

有些人只会说，我最近觉得心情好或者不好。而有的人则会说，我这几天觉得自己心情或情绪具体是怎样的，如低落、焦虑、恐惧、悲伤、烦躁或者愉悦、轻松、自豪、感激、兴奋、激动等。这就是情绪像素完全不同的两类人。

心理学研究表明，情绪像素更高的人，在感知、分析、预测情绪的时候，就有更多的选择，会形成不同的解释风格，会联想到更多的解决问题的方法，会做出更加适应环境、灵活多样的反应方式。他们比起那些情绪像素不高的人，情绪调控的灵活度会提高30%，应对策略也更加有效，人际关系会更和谐融洽，社会表现会更加得体。另外，还有一个附加的好处，就是不容易生病。

二、社会支持系统是抵御产后抑郁的有效盾牌

专家支持：

朱嵘，执业医师，国家二级心理咨询师。

导言

每个女人经历"十月怀胎，一朝分娩"的过程后，体内的激素水平都会发生变化，而这种变化会直接导致女性情绪脆弱、情绪波动大，一不留神产后抑郁症就可能会找上门。这个时候，别让新手妈妈一个人战斗，她需要来自周围亲人、好友、同事的帮助。

案例

艾米（化名）从小都是个优秀听话的女生，品学兼优，

拯救准妈妈的未来焦虑 走出原生家庭束缚找到自己的角色

属于"别人家的孩子"。工作之后,她很快成为公司里的骨干分子。工作优秀、婚姻幸福的她,活成了很多同龄人羡慕的对象,直到她怀孕。

很多女性在怀孕初期会有妊娠反应,会恶心呕吐不舒服,这个过程不好受,但是大多数人的妊娠反应不会持续太久,大多在孕早期之后就缓解了。但艾米的情况有点特殊。她的妊娠反应特别严重,随着怀孕的月份越来越大,呕吐的情况越来越严重。到了怀孕五六个月的时候,几乎是吃下去多少东西,过一会就会都吐出来。正常情况下,女性怀孕后体重会增加,整个人会比过去胖不少。可是,艾米在怀孕之后,因为吃什么都吐,完全没有办法正常摄入营养,身体一直在消瘦,体重甚至比怀孕前还轻。

在自己的整个孕期,艾米内心都是非常焦虑的,她担心肚子里的孩子是否健康,会不会因为无法获得足够的营养发育不好。她越担心越焦虑,就越加重生理上的反应,形成了一个恶性循环。

长时间大量的呕吐,造成了艾米身体内的电解质紊乱,她自身正常的生理需求都很难维持,何况还要为胎儿提供营养。最终,在医生的建议下,怀孕七个月的时候艾米通过手术的方式让孩子提早降生。

生下孩子之后,艾米患上了产后抑郁,在家里脾气变得非常暴躁。结束产假回到工作岗位后,和同事也相处不好。所有人都觉得艾米像是变了一个人。

二、社会支持系统是抵御产后抑郁的有效盾牌

解析

艾米的原生家庭中,爸爸是一个体育教练,他对艾米非常严格。优秀听话的艾米,从没有让爸爸失望过,每一件事情都做得很棒。怀孕,这件事情是艾米没办法自己完全掌控的。她无法控制自己的妊娠反应,无法知道孩子在自己的子宫里发育得好不好,这种无法掌控的状态让艾米陷入焦虑,形成了恶性循环。

艾米的工作是做审计,这是个需要高度集中注意力的工作,产假结束回到工作岗位后,她发现自己再也回不到生孩子之前的状态,没办法像以前那样做得那么好,这也给她带来了压力和焦虑,使她陷入严重的产后抑郁中。

女性在生完孩子之后,激素水平会发生巨大的变化,这是产后抑郁在生理层面的原因。产妇越年轻,身体的适应能力越好,相对来说,产后抑郁的发生机率就比较低。高龄产妇发生产后抑郁的机率会相对比较高。在教科书上,一般都会说产后抑郁高峰是在产后六周,但在中国实际情况并非如此,中国的产后抑郁高峰是在产后六个月。

在中国家庭的生育模式中,生孩子是全家总动员的一个事情。一般来说,当家里有一个孕妇要生孩子,全家会动用所有的资源来解决这个重大的事件。所以,中国的妈妈在刚刚生完孩子的时候,会获得强大的家庭后援团。在产后六周的时候,发生产后抑郁的风险被大大降低了。

在产后六个月的时候,还处于哺乳期的妈妈已经休完产假回到工作岗位,整个家族的支持都撤退了。但孩子在出生六个月后,开始容易生病。工作的压力、照顾孩子的压力同时压在妈妈身上,很多妈妈会感到自己是孤军奋战,非常无助。这个时期,是中国妈妈产后抑郁的高发期。

也是在这个阶段,艾米接受了心理咨询师的专业帮助。心理咨询师跟艾米做了讨论,做一个好妈妈,做一个像过去一样出色的职场女强人,这两个角色可能很难在这个阶段共存,因为艾米的精力就那么多。艾米做了思考,她觉得,在孩子3岁之前,做一个好妈妈是自己最重要的角色。心理咨询师和艾米所在公司的领导做了沟通,对于艾米产后的状态,公司领导表达了理解,在工作的安排上,给艾米减轻了一部分工作压力,帮助艾米可以顺利度过初为人母的这段适应期。

艾米给自己制定了新的目标和计划——做一个好妈妈。作为一个擅长做规划并且执行力超强的人,艾米很快就找到了自己的新状态。两周之后,她完全从抑郁中走了出来,开始享受做妈妈的幸福,关注着孩子每一点成长的乐趣。

建议

对于经历了怀孕、生产的妈妈来说,完善的支持系统是最有效的盾牌。

产妇生完孩子后,内心对于别人的关心会有着很大的期待。这个时候,完善的支持系统是预防和抵御产后抑郁症的

二、社会支持系统是抵御产后抑郁的有效盾牌

最好盾牌。除了丈夫要给妻子足够的关心外,其他家庭成员、同事、好友等,也是这个支持系统不可或缺的组成部分。假如产妇感觉到身边每一个人都把她生孩子当作一件很重要的事情来关心,她内心的期待就会得到很大的满足,也就不容易发生焦虑和产后抑郁症。

除了表示关心,身边的亲朋好友还要积极为产妇提供切实的帮助。比如,最容易让产妇产生焦虑的就是自己的乳汁不够多。看着嗷嗷待哺的孩子,很多初为人母的产妇会急得掉眼泪,焦虑得晚上睡不着觉。但这样对增加乳汁分泌没有一点好处。这个时候有经验的长辈可以帮助产妇通过按摩乳房、调理饮食等,来给她提供很实在的帮助。这些帮助是可以缓解她的焦虑甚至抑郁情绪的。

除了来自亲朋好友的支持,对于每一个准妈妈或者正准备做妈妈的都市女性而言,及时地为自己充电,掌握必要的心理卫生常识,是让自己成为一个称职的好妈妈的重要功课。

> **TIPS**
>
> 纽约的精神学家瑞秋·叶胡达2001年对居住在纽约世贸大厦附近并亲眼见证了"9.11事件"的纽约居民进行了研究,发现有五分之一的人会出现创伤后应激障碍,也就是容易做噩梦、恐怖情境不断在大脑中闪回,恐怖袭击的阴影在心里驱之不散。

叶胡达跟踪调查了这一群体中的怀孕女性,结果发现,她们唾液中的应激激素皮质醇分泌异常。患有创伤后应激障碍的怀孕女性,皮脂分泌异常是意料之中的事。不寻常的结果出现在一年后。这些孕妇生出的婴儿,皮质醇分泌也比正常婴儿低。这意味着,那些无助的妈妈,将一些她们所经历的创伤事件而引发的反应模式传递给了自己的孩子。这些孩子没有受伤,却有了疤痕。

妈妈的基因没有变,遗传给孩子的基因也没有变,但是妈妈经历的创伤性事件,使得她们基因的蛋白质表达方式发生了改变。不同的蛋白质表达方式,影响了细胞的组成方式和身体组织的构建模式。而蛋白质如何合成和表达的命令,竟然受到生物体所处的环境影响。也就是,社会性因素可能影响人的生理机制,甚至还有可能遗传给后代。

考虑到精子、卵子、受精卵的生成和胚胎的发育过程,有理由相信,爸爸生成精子时的身心素质,妈妈怀孕时的心情,都会影响到孩子的基因表达。

三、换一种方式释放产后负面情绪

专家支持：

朱嵘，执业医师，国家二级心理咨询师。

导言

一位妈妈掐死自己 7 个月大的孩子后自杀，留下的是亲人们的惊愕与悲痛。在所有人心目中，母爱都是无比伟大的，为何这位妈妈会舍得对孩子痛下杀手？在这个性格内向、缺少亲密关系支持的新手妈妈身上，普普通通的产后抑郁发展成了抑郁症，并以"扩大性自杀"的极端行为表现出来，成为一把伤害自己和家人的利刃。假如，家人对她多一些关注，可能就会发现她的反常；假如，她用另一种形式释放压抑在心中的情绪，哪怕是吵架、摔盘子；假如……其实，通向希望的路有很多，悲剧原本可以避免。

壹 案例

在某居民小区，一名女子从9楼坠亡，她7个月大的儿子随即被发现已窒息死亡。据了解，这名女子与64岁的婆婆同住。悲剧发生的当天早晨，婆婆出门买菜，回家后不见儿媳和孙子的身影。她四处寻找未果，于是报警。在平台上发现该女子的遗体后，警方又在楼内找到了已经窒息而亡的男婴。小区保安透露，坠楼女子今年33岁，性格较为内向，几乎从不与邻居说话，有产后抑郁症倾向，其丈夫在日本工作。居民猜测，坠楼女子先将儿子掐死后，自己跳楼身亡。（资料来源：媒体新闻）

贰 解析

自杀的不一定是病人，抑郁症病人也未必都会自杀，但是自杀和抑郁症之间关联度很高。这则悲剧值得引起大家的重视。

月子期间的产妇，一般都会有抑郁的倾向。但这算不上产后抑郁，通常被称为 Baby Blue，也叫产后情绪低落，这主要是由于产后雌激素水平波动较大引起的。这种情况发生率虽然高，但一般都不严重，不会导致严重的后果，不经过专业人士的干预也能顺利度过。而真正的产后抑郁症，从生产到产

三、换一种方式释放产后负面情绪

后两到三年的时间内都有可能发生。在中国,产后6个月左右是产后抑郁发病的高峰。

6个月后,生育可能不再成为家庭最为关注的头等大事了,新手妈妈能获得的社会和家庭支持明显减少。同时,出生半年后,宝宝先天的免疫力耗尽,生病的机率变大,护理的难度明显提高。此外,产假休满,新手妈妈会面临重返工作岗位、重新回归社会的压力。

上述个案中的自杀者,她内向的性格可能使她在抑郁情绪中无力自拔,也不懂得向他人求助。而丈夫在国外工作,夫妻之间的亲密和支持缺失,可能也给这位年轻妈妈脆弱的内心带来了负面的影响。

自杀行为常被自杀者当作解决难题一劳永逸的方法,当作逃避精神紧张和解决心理冲突的一种应对方式。心理学研究发现,自杀动机一般可分为两类:一类是人际动机,主要是想通过自杀改变别人的态度,试图威胁、说服、操纵或报复他人,其对象主要是与自杀者关系密切的人,影响的目标也可能是泛化的;另一类是个人内心动机,如摆脱痛苦。上述案例中的这名自杀者,自杀动机可能属于第二种——摆脱痛苦。

📎 建议

产后,由于生理等方面的原因,很多产妇都可能会有抑郁倾向,但并不是人人都会发展成抑郁症。作为产妇身边最亲近的人,该如何给予产妇更多的支持,又该如何及时发现产妇可能陷入抑郁症的迹象呢？

1. 外向性格的人情绪上来时"先治标"

患有抑郁症的人，都会有一股自己难以克制的心理能量无法释放。外向型性格和内向型性格的人表现差异很大。外向型性格的人，常常会以攻击性行为的形式表现出来，比如表现为各种无端的不满情绪，通过吵架、谩骂、损坏物品等表达出来。发现这类现象，家人应当把产妇视作病人，不能以理相争。聪明的做法是，尽量通过不伤害他人、损害最小的方式，让产妇充分释放郁积的心理能量。比如，曾有产妇由于产后抑郁，常有想把孩子从窗口扔出去的冲动，她很害怕哪天控制不住就真的这样做了。心理咨询师就建议她，把能量宣泄到小物品上。虽然这是治标不治本的方法，但是对于随时可能突发的意外状况，治标至少可以避免发生无可挽回的悲剧，而要从根本上解决问题，一定需要专业的心理咨询。

2. 内向型的人不要忍着不哭

相对于外向型性格的人明显的表现，内向型性格的人的某些表现很可能被忽视，也更容易造成悲剧。很多亲属对于产妇的哭闹等情绪反应，会一味地加以阻止，尤其是长辈，总是说坐月子不能哭，会伤了眼睛。殊不知这样会令产妇刻意地去压抑情绪，而过分压抑的情绪可能会以更具杀伤力的形式爆发出来。上述案例中的那位妈妈，要是能以吵架、骂人、砸东西等方式释放情绪，或许就不会走向最后的悲剧。

三、换一种方式释放产后负面情绪

3. 亲人要留意产妇的反常状态

正常情况下,妈妈在谈论自己宝宝时,总是兴高采烈的。如果听到亲朋好友夸奖自己的宝宝,做妈妈的却表现得很反感,这就需要引起注意了。如果发现产妇状态反常,最好要有人全天候看护,以防意外发生。必要时,还要求助专业人员帮助。

后　　记
看见情绪，看见爱

　　2022年，不能出门的那段日子里，我参与了一个关注亲子关系的动画系列短剧的剧本创作，在线上和导演以及其他编剧聊起很多亲子之间的事儿。我们那一组人有十月怀胎马上就要生娃的准妈妈，有孩子还没上幼儿园的家长，也有孩子已经长大出国留学的家长。在一众剧集里，有两个关于"爸爸的工作"的小故事，几乎引起了所有人的感慨。

　　其中一个故事里，"工作"成为了爸爸一直忙碌、没有时间陪伴孩子的最大障碍——答应了一百次要带孩子去公园玩，每次都因为工作忙爽约。孩子在梦里得到了一个特别的储蓄罐，里面存着所有爸爸欠她的时间。

　　另一个故事里，"工作"直接变成了一个让人恐惧的巨大的魔方，在梦中的城堡里，碾压一切，所到之处，所有的东西都

后　　记

变成了碎片。

有一位编剧感慨说,她的女儿觉得老板是这个世界上最坏的人,因为老板总是会让爸爸加班,这样爸爸就没空陪她玩了。

在剧本创作的时候,编剧可以变成"神",把爸爸欠孩子的时间,一股脑儿地还给孩子,也可以派出一个魔法师,把吓人的"工作"搞定,拯救孩子梦中的城堡。可是,在现实的生活中呢?

你是那个每天在职场打拼,渴望用自己的努力,给孩子一个优渥的生活环境的家长吗?抑或,你曾是那个脖子上挂着钥匙,自己煮饭,自己做功课,眼巴巴等着天黑了爸爸妈妈才拖着疲惫的身体推开家门的孩子?

周遭的世界越来越卷,竞争越来越激烈,工作占据的时间早已经不是每天 8 小时。算一算,一个星期里,你作为家长陪伴孩子的时间,你作为子女陪伴父母的时间,能有几个小时?

亲子关系由血脉连结,一代代传承,我们与父母的亲子关系,影响着我们与孩子的亲子关系,这种传递也会在孩子和他们未来的孩子身上继续。

特殊的 2022 年,很多家庭因为不能出门,有了一段堪称漫长的亲子相处时间。那段日子,你和孩子之间是如何相处的?你有没有发现一些过去未曾注意的孩子的情绪和感受?

我认识的一位心理专家,在一次公益活动中,分享了他有一次在工作坊中带领大家做的一个游戏。

一、游戏准备

(1) 准备几张白纸,裁剪成小卡片。

（2）每个参加游戏的成员要在卡片上画表情，每张卡片画一个表情，每个人至少画4张不同表情的卡片，比如开心、生气、害怕等情绪。

（3）把这些卡片放在桌上打乱顺序。

二、游戏规则

（1）参与游戏的一位成员，抽一张卡片，看看卡片是什么表情，猜猜这是什么情绪。

（2）把卡片亮出来，让其他成员看见，然后模仿卡片上所画的表情。

（3）其他成员要评价模仿得像不像，如果大家都觉得像，就可以进行下一步了，如果大家觉得不像，那就得继续模仿。

（4）这名成员需要讲一个故事，这个故事要满足三个条件：①这个故事必须是让当事人难忘的亲身经历；②故事必须包括时间和地点；③故事中必须要包括自己刚才所模仿的情绪，以及自己体验到这个情绪的原因。

（5）故事讲完后，其他成员需要向讲述人至少提一个跟故事细节有关的问题。

参加那次工作坊的人里，有一个四口之家，姐姐8岁，弟弟5岁。当时，正好轮到姐姐抽卡片，她抽到了一张"难过"的表情卡片。她模仿了卡片上"难过"的表情，然后讲了一个故事。

这个小女孩说："最让我难过的事情，就是弟弟两岁时，有一天,他喜欢我的新玩具,过来抢,我没有给他玩,弟弟哭了。妈妈听到弟弟的哭声,冲过来就把我手里的玩具夺过去,给了弟弟,并跟我说,姐姐要让着弟弟。当时我心里特别难过。"

那位妈妈听到这个故事一下子愣住了,因为这件事情她完全忘了。

妈妈问女儿:"妈妈当时夺了你什么玩具呢?"

小女孩回答:"是个小猪佩奇的玩偶,爸爸在我生日的时候送给我的。"

这时,爸爸问女儿:"当妈妈把玩具夺走之后,你是怎么想的?"

小女孩说:"我觉得妈妈更爱弟弟,她的注意力经常放在弟弟身上,我觉得自己不如弟弟,有时候看着爸爸妈妈跟弟弟一起玩,我也好想参与,但我却不敢参与,我害怕你们不带我玩。"

说到这里,小女孩一下子哭了出来,然后这一家人就抱在一起哭。妈妈边哭边对女儿说:"对不起,是妈妈不对,妈妈对你和弟弟都爱,你们都是妈妈的宝贝。"

弟弟也在旁边哭。他对姐姐说:"姐姐,对不起,我以后再也不抢你的玩具了。"

这个游戏不难,适合全家人一起玩,在游戏里倾听你最爱的家人们的情绪,觉察自己的情绪,用叙事的方式把情绪表达出来,可以让一家人更清晰地看见彼此。

我把这个游戏推荐给了那位前文里提到的编剧朋友,不

拯救准妈妈的未来焦虑　走出原生家庭束缚找到自己的角色

知道她的女儿在表达情绪的时候,会用怎样的方式告诉爸爸,也不知道那位经常加班忙工作的爸爸,会有怎样的反应。

如果,让我做编剧将"老板是大坏蛋,总是让爸爸加班"写成故事,我愿意在结尾的时候,是爸爸将小女儿抱起来,让小女儿骑在肩头一起在海边度假看朝阳的背影。

就像一滴水融入另一滴水,就像一束光簇拥着另一束光。唯有点亮自己,才能让爱在亲子关系中流动起来,一个拥抱就可以成为爱的全部表达。

朱凌

2022年10月25日